위즈덤하우스는
새로운 시대를 이끌어가는
지혜의 전당입니다.

27살 여자가 회사에서 일한다는 것

27살 여자가 회사에서 일한다는 것

초판 1쇄 발행 2008년 2월 29일 초판 2쇄 발행 2008년 3월 31일

지은이 전미옥 **펴낸이** 김태영
기획 윤혜자

비즈니스 1파트장 신민식
기획편집 3분사_ 분사장 노창현 **편집장** 최수진 **책임편집** 김영혜
1팀_ 김영혜 2팀_ 송상미 강재인 3팀_ 김남중 디자인_ 이세호
표지 · 본문디자인 co•kkiri
마케팅분사_ 곽철식 이귀애

상무 신화섭 감사 김영진
신규사업 노진선미 이화진 황현주 외서기획 이영지
인터넷사업 정은선 왕인정 김미애 정진 홍보 허형식 임태순
광고 정소연 이세윤 김혜선 허윤경 이둘숙
영업분사_영업 권대관 김형준 **특수판촉** 최진 **영업관리** 이재희 김은실
본사_본사장 하인숙 **경영혁신** 김성자 **재무** 김도환 고은미 봉소아 최준용
제작 이재승 송현주 HR기획 송진혁 양세진
교육사업파트 이채우 김현종 이선지 우규휘

펴낸곳 (주)위즈덤하우스 **출판등록** 2000년 5월 23일 제13-1071호
주소 서울시 마포구 도화동 22번지 창강빌딩 15층 **전화** 704-3861 **팩스** 704-3891
홈페이지 www.wisdomhouse.co.kr
출력 (주)미광원색사 **종이** 신승지류 **인쇄** 삼조인쇄 **제본** 세원제책사

값 10,000원 ISBN 978-89-6086-091-9 03320

27살
여자가
회사에서
일한다는
것

**Working
at the Company
as a Woman**

| 전미옥 지음 |

위즈덤하우스

프롤로그   여자이기 때문에 성공했다

'시대가 달라졌다'는 말. 나이가 좀 있다 싶은, 적어도 40대 이상쯤 되면 자연스럽게 체감하게 된다. 하지만 시대와 트렌드에 큰 변화를 느끼기는 20대도 마찬가지일 것이다. 기업의 비즈니스 환경이 나날이 달라지면서 3~5년차 직장인만 해도 신입사원을 바라보며 격세지감(隔世之感)을 호소하니 그 주기가 빨라도 한참 빨라졌다.

시대가 달라지면 사람도 달라지는 법이다. 오늘날 직장여성들의 모습은 정말 놀랍다. 아침마다 헬스클럽을 찾아 출근 전 한두 시간 운동으로 자기관리를 하고 멋진 스타일로 '변신'을 한 후 일터로 나서는데, 참 같은 여자가 봐도 멋지다. 자기 자신에 투자하며 살아가는 것에 익숙하고 세련된 세대다. 사회적으로 성공한 후에도 남성화되지 않고 아름다운 여성성을 그대로 간직하고 있는 그녀들의 당당한 모습에 살짝 질투도 생긴다.

맞다. 요즘 젊은 여성들은 자유롭고 활기차고 생기 있어 보인다. 국가적으로 여성인재가 중요해지면서 사회 진출이 적극 권장되고 여성에게 유리한 정책이 만들어지는 시기이기 때문에 가능한 일이다. 이들의 활기찬 에너지가 우리 사회의 현재와 미래를 밝게 만들어주는 듯이라고 생각하니 가슴이 뛴다.

그런데 한편 이들과 조금만 이야기를 나누어 보면 길을 밝혀야 할 환한 등이 불안에 떨고 있는 것을 알 수 있다. 원래 젊음은 알 수 없는 미래에 대한 불안으로 가득 채워진 것이라지만, 그녀들 앞에 놓인 장해물은 '젊음' 과는 별개로 여전히 만만치 않은 문제들이다. 바로 조직생활에 대한 어려움이다. 지금까지 조직의 맛을 만들어낸 주방장은 남성이다. 또한 그 조직의 소비자도 남성이 많다. 그러다 보니 여성들이 그 입맛에 맞출 수밖에 없는 상황이다.

가정은 조직이 아니다. 학교 역시 사람도 많고 규율이 있어서 무슨 조직 같아 보이지만 조직은 아니다. 진짜 '조직의 쓴맛' 은 학교 밖을 나와서부터 본격적으로 시작된다. 그 '쓴맛' 은 남성보다 여성이 자주 맛보게 되는 그리 달갑지 않은 맛이다. 이제 막 사회생활을 시작한 이들은 그 맛을 눈물을 머금고 '단맛' 으로 느끼면서 나아가야 할 무거운 부담이 있다.

이 책은 그러한 여성들의 어려움에서 출발한다. 공부 열심히 해서 좋은 회사에 들어가, 주어진 일을 정직하고 성실하게 열심히 하기만 하면 차곡차곡 원하는 대로 잘 풀릴 것이라는 학창 시절의 '순수한' 믿음은 조직에 발을 딛자마자 '순진한' 믿음이었다는 것으로 드러난다. 초반부터 어깨가 처지고 다리의 힘이 풀리는 이 좌절을 조금이나마 덜어주고 싶다.

신입사원 때는 그저 일을 배우고 주어진 업무를 해결해 나가는 것만으로도 하루해가 짧기 때문에 잘 모른다. 하지만 직장생활 3년차. 업무도 능숙해지고 마음에 한결 여유가 묻어난다. 주위도 둘러봐진다. 그런데도 '아직 모르겠어. 나 잘하고 있는 거야?' 하는 소리가 나직하게 푸념처럼 흘러나올 때가 많다. 열심히 한다고는 하는데 그리 썩 잘하는 것 같지 않은 느낌이 든다. 그리고 궁금증이 이어진다.

왜 남자들은 조직생활을 힘 안 들이고 하는 것 같을까? 내가 모르는 것이 무엇일까? 일만 잘해서는 소용이 없다니 그럼 무엇을 어떻게 더 잘해야 하나, 내 방식의 한계는 무엇일까? 조직과 맞지 않아 버려야 할 스타일은 무엇일까? 꼬리에 꼬리를 물고 이어지는 궁금증의 실타래가 서로 엉켜 복잡해질 때는 커닝도 필요하다. 조직의 고정관념, 여성들의 훈련과 경험 부족, 남성 중심의 사회관계망 등은 종종 젊은 여성들에게서 희망과 열정의 에너지를 빼앗는 장해물들이다. 이 책을 통해 앞의 장해물들을 넘을 수 있는 구체적이고 실제적인 코치를 해주고 싶다. 너무 엉켜서 풀기 어려워지기 전에 말이다.

직장생활 3년차 이상이면 사회생활에 적응하기 시작해서 희망과 갈등이 교차하는 시기다. 선배들의 사례, 적절한 분석과 설명, 성공과 실패의 경험들을 통해서 처세의 지혜와 대응전략을 찾아내면서 시행착오를 줄여 나가기를 바란다. 그리고 이 책을 통해 조금 더 일찍 조직생활에 대한 유연성과 적극성, 임기응변, 노련함 등을 확보할 수 있기 바란다.

여성성이 큰 부가가치를 만드는 시대다. 자기성찰을 통해 조직생활의 성공전략을 세우는 데 필요한 거름을 만들고, 자신 있게 '여자이기 때문에 성공했다'라고 말할 수 있는 그날이 빨리 오기를 기원하는 마음으로 글을 시작한다.

-2008년 2월, 전미옥

Chapter
1

조직의 맛을 모르는 당신,
조직을 배워라

여자들에게 조직생활은 여전히 맞지 않는 옷이다.

너무 커서 몸에 벅차거나 어디는 너무 조여서 괴롭다.

하지만 이 옷은 내 마음대로 내 몸에 맞게 수선해서 입을 수 없는 것이다.

나를 조직생활에 맞게 변화시키는 방법밖에 없다.

조직을 배우자. 조직생활을 익히자.

여자가 무엇을 그렇게 모른단 말이냐.

회사생활의
쓴맛도
즐겨라

　'인내는 쓰고 그 열매는 달다.' 너무 진부해서 코웃음이 나오는 말일지 모른다. 하지만 이만큼 조직생활에서 성공한 여성들에게 어울리는 말이 또 있을까. 조직생활을 잘해서 높은 직위까지 오른 여성들의 성공 스토리에서 '성실과 인내', 이 두 가지는 늘 큰 자리를 차지하고 있다. 그중에서도 '인내'는 성실보다 한 계급 위다. 직장생활은 좋아하는 음식만 골라먹을 수 있는 뷔페식당이 아니기 때문이다. 그야말로 더럽고 치사한 일들과 하루에도 수십 번 부딪히는 게 바로 직장생활이다.

　조직생활은 '남성 중심', '남성의 규칙'대로 흘러간다. 사법고시에 합격하는 여성의 비율이 얼마나 높아지고 있고, 공무원 임용에 여성의 비율이 얼마나 높아졌는지, 언론에서는 무슨 기록 경신이라도 하듯 해마다 신나서 결과를 발표한다. 하지만 아직은 턱없다. 여전히 비정규직의 다수가 여성이고, 중간관리자는 몰라도 고위임원급에서 여성은 흔하지 않다. 여성에게 기회가 적었던 과거의 흔적이고, 조직에서 어떻게 해야 소외되지 않는지 잘 몰라서 우왕좌왕했던 뼈아픈 상처다.

몸에 맞지 않는 옷을 입은 것처럼 익숙하지 않은 조직의 규칙을 내 몸에 맞추려면 어렵고, 화나고, 고통스럽고, 서럽다. 대부분의 여성들이 조직생활에 어려움을 겪는 까닭은 배울 기회가 없어서이다. 학교에서는 배울 수 없는 조직생활을 처음 접한 여성들이 어려움을 겪는 것은 어쩌면 너무 당연한 일이다. 학교 교육 말고는 조직에 대해 전혀 알 기회가 없었던 여성들에게 조직의 권력 관계나 조직이 지향하는 가치에 맞춰 자신의 개성이나 취향을 죽여야 하는 처절한 현실은 끔찍할 수 있다. 조직문화 자체가 낯설고 괴로운 일 투성이니 '성공하지 않아도 좋아. 출근하는 일이 괴롭지나 않았으면' 하는 비명도 간간이 들린다.

마음 가는 대로 몸도 따른다고 했다. 마음가짐이 중요하다. 당신의 꿈이 가정에만 머물러 있는 게 아니었으면 좋겠다. 직장생활을 하면서 돈 좀 모아 마음이 맞는 사람이랑 결혼하여 알콩달콩 사는 게 꿈이자 목표이고, 남편의 벌이가 좋으면 'Go Home' 해도 나쁘지 않다는 생각이라면 당신은 계속 조직에서 쓴맛만 볼 수밖에 없다. 직장을 단순히 돈벌이를 하기 위한 곳으로 생각해서는 늘 괴로운 처지에서 못 벗어난다. 회사생활을 통하여 사람과 관계를 맺고 일을 배우고 문화를 배우는 것으로 생각을 바꿔야 한다. 그러면서 회사의 가치를 자신이 원하는 꿈을 이루고 인생의 그림을 완성해나가는 곳으로 끌어올려야 한다. 따라서 모든 것을 배운다는 자세로 다니면 배울 것이 정말 많은 게 조직생활, 회사생활이다.

하지만 직장생활을 어느 정도 경험한 여성들에게도 여전히 조직생활은 어렵다. 안다고 생각했는데 어느 날 뒤통수를 맞고 구설에 오르고 미끄럼을 탄다. 조직에서 행해지는 악의적인 보복이나 응징이 아니라도 문화 부적응 탓에 오는 문제일 경우도 많다. 사회생활에서 성공한 여성은 많지만 조직생활에서 성공한 여성이 많지 않은 것은 여성이 그만큼 조직문화에 익숙하지 않기 때문이기도 하다. 영어를 잘하려면 영미권 문화를 알아야 하는 것처럼 조직생활을 잘하려면 조직문화를 이해하고 적응할 수 있어야 한다.

그러려면 할 수 없이 일을 하면서 직접 부딪치고 배우는 수밖에 도리가 없다. 뭐니뭐니해도 직접 그 안에서 시행착오와 실수를 하면서 배우는 것만큼 확실한 것은 없다.

그러나 배우는 데도 기술이 필요하다. 직장 초년병이라고 해서 서툴고 모른다는 인상을 노골적으로 드러내서는 안 된다. 정확히 말해서 직장은 학교가 아니기 때문이다. '배우면서 하지 뭐' 이런 말은 아마도 회사가 가장 싫어하는 말일지 모른다. '배우는 것은 학교에서 해야지, 다 배우고 와서 여기선 써먹어야지, 무슨 소리?' 하며 펄쩍 뛸 수 있다는 이야기다. 그러니까 너무 순진하게 '가르쳐 주십시오. 잘 배우겠습니다' 하는 말과 표정을 노골적으로 드러내지 말아야 한다. 좀 약게 놀자. 지능적으로 슬쩍슬쩍 커닝하며 한 발 한 발 나아가는 게 첫 번째 기술이다. 몰라도 너무 빨리 죄송한 표정으로 기죽지 말고, 알아도 너무 잘난 체하지 말고 주변을 살펴가면서 살살 자신을 드러내야 한다. 여자의 선천적 여우성을 유감없이 발휘할 때다.

회사의
조직도,
눈감고도
그려라

　보통 여자들은 마음 맞는 친구 한둘이면 학창 시절이 끝난다. 서넛씩 모인 그녀들은 밥도 같이 먹고, 화장실도 같이 가고, 매점도 같이 다니며 하루 종일 수다가 끊이질 않는다. 여자들의 수다는 정보교환이나 친교의 장이다. 그 안에서 속속들이 비밀 없는 커뮤니케이션을 구현한다. 하지만 남자들은 다르다. 한두 가지 비밀을 공유한다고 해서 우정이 유지되고 끈끈한 관계가 오래 지속되지는 않는다. 남자들은 어릴 때부터 기본적으로 리더를 중심으로 세 불리기를 즐긴다. 계속 원하면 조직에 가입시켜주고 함께 행동하고 싶어한다. 성숙한 여자아이들은 그런 남자들의 모습이 조금 유치하다고 생각하기도 한다.

그런데 그게 유치한 게 아니다. 남성들의 조직력의 모태가 되는 것이 바로 골목대장을 중심으로 한 전쟁놀이이기 때문이다. 세 불리기, 세 유지하기, 그 안에서 상대적으로 약자는 충성 다하기. 어린 시절 이런 놀이 한번쯤 해보지 않은 남성들이 없을 정도로 공통된 감수성과 훈련이 이루어지고 있는 셈이다. 태생적으로 그렇게 놀 수밖에 없는 것이든, 사회적으로 어릴 때부터 조장된 남성 신화의 시작이든 그게 문제가 아니다. 그렇게 노는 것이 자연스럽고 불편하지 않다는 점이 중요하다.

여성은 도덕성, 윤리성, 모성애 등의 측면에서 강하지만 짱짱한 조직원으로서는 좀 취약한 것이 사실이다. 조직, 즉 권력이나 실세의 파워가 어디로부터 나오는지도 모르고 조직도가 어떻게 이루어졌는지 도통 관심도 없다. 실세의 파워를 읽는다는 것은 도전할 자리나 공략할 대상을 바로 짚는 메타포가 될 수 있고, 자신의 목표를 더욱 선명하게 할 수 있는데도 이런 부분에 대한 마인드가 아예 없거나 극히 작다.

조직에서 한 개인을 바보로 만들거나 매장시키는 일은 아이들 장난 같은 우스운 일로도 간단하게 가능하다. 조직이 신뢰해주지 않으면 아무리 유능하고 능력이 있다고 해도 도통 기회를 주지 않기 때문에 간단히 물러날 수밖에 없다. 여성들이 성실하게 열심히 일해도 안 된다고 호소하는 원인을 여기서 찾을 수 있다.

조직의 일원으로서 리더의 자리까지 오르고 싶은 욕망이 꿈틀댄다면 우선 회사의 복잡한 정보의 유통망과 인맥지도를 유심히 살피는 것을 일상화해야 한다. 조직을 움직이는 권력지도를 읽을 수 있어야 그에 따라 길을 찾기 쉽다. 조직을 움직이는 권력지도는 여러 가지 버전이 있다. 그러나 기본은 가장 최신 버전으로 끊임없이 업데이트하는 것이다. 비리 의혹으로 다른 부서로 간 지 벌써 옛날인 인사부장이 아직도 그 자리에 있는 줄 알고 있다거나, 경영철학에 반하는 치명적인 실수로 해외 오지로 발령이 난 줄도 모르고 중요인물이라고 형광펜으로 동그라미 해놓고 예의주시하는 것은 곤란하다. 뒷북도 그런 뒷북이 없고 코미디다.

하지만 중요한 것이 또 하나 있다. 아무리 불꽃 튀기는 쟁쟁한 권력지도가 중요할지라도 내게 가장 중요하고 파워풀한 권력자는 바로 내 직속상사라는 점을 잊어서는 안 된다. 상사는 내 스카프를 잡고(남자라면 넥타이) 있는 최고의 권력자다. 이 사람의 지지를 얻지 못하면 능력을 인정받지 못할 뿐더러 승진도 어렵고 잘못하면 일자리까지 잃고 'Go Home' 하는 신세가 될지 모른다. 똑똑하다고 스스로 자처하는 직원이 저지르기 쉬운 실수 중 하나가 무능한 상사에 대한 방자한 태도인데, 제 무덤을 파는 일인 줄 모르는 헛똑똑이기 쉽다. 상사가 무능해 보일지라도 그건 사실이 아닐 수 있다. 왜냐하면 회사가 무능한 직원을 그냥 내버려두는 법은 없기 때문이다. 물론 진짜 무능한 상사일 수도 있다. 하지만 중요한 것은 넘지 말아야 할 선까지 넘으면서 무능한 상사에 대한 노골적인 험담을 하는 것은 절대적으로 피해야 한다는 점이다.

자신이 아무리 공인된 능력을 가지고 있고 성과가 뚜렷한 인재로 촉망

받는 자리에 있는 신예라 할지라도 직속상사를 예우할 줄 모르고 하극상을 보이는 것은 조직원으로서의 자질에 치명적인 손상을 준다. 물론 이런 모습을 회사가 곱게 보아줄 리 없다. 회사는 직원들이 조직에서 개인적인 감정 없이 상사를 도와 일해야 한다고 생각한다. 오늘 팀장이 내게 마음에 안 드는 지시를 했다고 하더라도 따라야 한다. 마음속으로 미운 마음이 있고 동조할 수 없더라도 어금니 지그시 깨물고 "예, 알겠습니다" 해야 한다. 돌아서서 미주알고주알 가까운 동료에게 투덜거리거나 험담하는 것도 금물이다. 이것을 못하면 회사에서 미래를 설계할 수 없다.

직속상사는 언제나 내게 1차 관문의 문지기다. 이 문지기도 구워삼지 못하면서 파이널까지 갈 수 없다. 치사해도 "예" 해야 한다. 화가 머리끝까지 나도 그 앞에서는 '생글생글' 웃어줘야 한다. 직속상사가 나의 최고 권력자다. 회사 전체의 권력지도 속에서는 거의 눈에 띄지 않는 약세를 보인다고 은근슬쩍 오만 방자하게 굴었다가는 큰 코 다친다.

직속상사에게 충성하고, 가장 정확한 권력지도를 가지고 움직이는 권력구도에서 눈을 떼지 말 것이다. 이 조직도를 자신만 잘 알 수 있는 곳에 붙여두고 자주 들여다보자. 이렇게까지 하는 직장여성은 사실 많지 않다. 그렇기 때문에 눈에 익을 때까지 해야 한다. 조직생활에 아주 유용한 지도이기 때문에 학창 시절 사회과부도를 열심히 봤던 것처럼 직장생활의 부교재쯤으로 소중히 업데이트하면서 활용하자. 어떤 업무도 권력관계에서 자유로울 수 없기 때문이다.

회사 조직도를 활용하여 조직파워 읽는 법

1 공식적인 결재라인 이면에 더 파워 있는 비공식적인 라인을 찾는 습관을 갖자. 비공식적이지만 신빙성 있는 정보가 어디서 흘러나오고 어디로 모이는지 관찰하면 알 수 있다.

2 아직도 학연·지연을 무시할 수 없다. 고교나 대학의 동문 관계, 동향 관계 등을 유심히 보라. 그리고 핵심문제에 관여하는 인물들을 잘 관찰한다.

3 편의상 공식 결재라인이 사장, 전무, 이사, 부장, 과장으로 이어지는 조직에서 A이사 아래 있는 A부장, A과장이 실질적인 결재라인이 아닐 수 있다. A과장이 B이사 아래 있는 고교 선배 B부장에게 무엇이든 찾아가 의논하고 도움을 요청하여 실질적인 힘을 얻을 수도 있다는 의미다. 물론 겉으로 잘 드러나지 않게 하는 기술이 그들의 정치력이다. 하지만 그런 것을 티 나지 않게 알아보는 것은 당신의 정치력이다.

4 업무 추진 단계에서 변화를 보이는 부분에 주목한다. 어떤 프로젝트가 어떤 단계에서 슬그머니 없어지는지, 어떤 프로젝트가 어떤 단계에서 힘을 얻어서 진행되는지, 그리고 여기에 개입하는 인물이 누구인지 분석한다.

5 사무실에서 일어나는 대화, 책상배치, 동선, 회의양식, 회의시 좌석배치, 문서절차 이런 것들이 모종의 권력을 상징한다. 일상적인 풍경이라 무심코 지나칠 수 있지만 의식적인 관찰자의 눈으로 본다면 건질 수 있는 것이 많다.

필요할 때는 남자를 커닝하자

군대는 남자들에게 공인된 최고의 조직양성기관이다. 상관의 명령과 복종으로 이루어진 계급 관계는 개성과 취향은 철저히 배제한 채 조직원으로 살아남는 행동양식을 철저하게 가르친다. 이 과정에서 남자들은 조직에 완전히 스며들지 못하고 유별나게 행동하는 것이 얼마나 치명적인가를 알게 된다. 직장생활을 하기 전부터 남자들은 조직생활의 방법을 이미 차근차근 터득하는 셈이다. 조직 속에서 살아남기 위한 지능과 본능이 예민하게 발달할 수밖에 없다.

그래서 남자들은 더럽고 치사한 일을 참는 데는 어느 정도 도가 텄다. 아무리 더럽고 치사한 일이 생기고 스트레스가 많아도 남자동료가 눈물을 보이는 경우는 거의 없을 것이다. 하기 싫다고 그 앞에서 바로 불만을 토로하는 것도 보기 힘들다. 감정을 폭발시키기보다는 힘들어도 꾹 참는 것이 남자들에게는 더 익숙한 대처법임이 분명하다.

여성들은 이런 부분을 자기 것으로 만들어야 한다. 상사의 꾸지람, 동료와의 의견충돌, 과중한 업무, 억울한 누명 등의 이유로 여성들의 눈물바람은 좀처럼 사라지지 않는다. 눈물은 무기가 아니라 약점이 될 수 있다. 걸핏하면 우는 직장인. 너무 아이 같지 않은가. 사회인으로서 미성숙하다는 평가를 받는 것은 당연한 결과다. 조금만 힘들어도 우는 당신에게 커리어에 도움이 되는 중요한 일을 맡기고 싶겠는가. 남녀평등은 거저 얻어지는 것이 아니다. 남자들은 엄청 깨지고도 헤헤 웃을 줄 아는 넉살, 혹은 여유가 있다. 이것을 속이 없다고 흉잡으면 흉이 될 수 있겠지만 이것을 못하는 여자들은 만날 상처투성이다. 어떠한 상황에서도 의연하게 행동하는 것은 사회생활을 하는 데 상당한 플러스 대처법임을 인정하고 꾸준히 훈련하자. 자신의 감정이 최악으로 치닫는 것을 막을 수 있고 다른 사람에게도 강인한 면모를 보일 수 있다.

사실 남자들이 강한 데는 단순한 이분법의 생활화가 있다. 한 가지에 깊이 빠지는 것, 즉 그 고도의 집중력이 열쇠다. 하찮은 게임이나 내기에도 집중하고, 스포츠나 바둑, 낚시 같은 것에 열정적으로 빠져들다 보면 옆에서 누가 말을 해도 제대로 못 알아듣는 경우가 많다. 자신의 업무 특성에 따라서는 스트레스가 많을 때는 하루 확 '제끼는' 용기도 부럽기만 하다.

확실히 놀 때와 쉴 때가 잘 구분된다. 가장 벤치마킹하고 싶은 부분이라고? 하지만 하루 제껴도 좋을 만큼의 자기 성과를 채우기 위한 눈물겨운 평소 생활이 있다는 것을 알면 여성들에겐 위로가 될까, 슬픔이 될까.

뿐만 아니라 남자들은 일과 사람을 구분하는 능력이 꽤 뛰어나다. 일을 할 때 감정에 얽매이지 않기 때문에 상사가 업무적인 질책을 하면 그 문제를 해결하기 위해 노력할 뿐이다. 남자들은 별로 중요하지 않은 일, 감정이 많이 소모되는 일에 지나치게 집중하거나 예민하게 굴지 않는다. 특히 인간관계에 대해서는 더욱 그래서 저 사람이 날 왜 이렇게 대할까 분석하거나 꽁하지 않고, 싫은 소릴 들어도 두고두고 마음에 새기고 복수를 도모하지 않는다.

하지만 여성들은 같은 업무에 대해서도 괜히 상사가 나를 밉보아서 이렇게 마음에 안 드는 일만 준다고 투덜투덜대기 일쑤다. 단순한 상사의 꾸중을 자신에 대한 인간적 신뢰가 무너진 것으로 착각하는 오버까지 하는 것은 좀 심하다. 상사가 나를 질책할 때는 '내가 뭘 잘못했길래 부장님은 나한테만 그러나?' 하고 생각할 게 아니라 '도대체 이 기획서는 어디부터 잘못된 것일까?' 하고 생각하는 훈련을 해보자. 사람은 사람, 일은 일이다. 그래야 일에 대한 문제를 사람 스트레스로 받아들여 힘들어 하지 않을 수 있다. 자꾸 감정에 치우치면 자신만 피곤하다.

그래서 남자들은 소주 안주로 사람을 잘 씹지 않는다. 직장상사건 동료건 안 좋은 얘기는 되도록 안 하고 싶어한다. 부부 싸움을 해도 여자들은 전화통 붙들고 친구, 친정식구들한테 남편 흉보느라 정신없는데 남자들은 참 대단하다. 예외인 사람도 있지만 그렇게 아내한테 수모를 당하고도 절대로 대외적으로 아내 흉을 보지 않는다. 이것 또한 쉽지 않은 일인데 말이다.

남자들을 커닝하다가 여의치 않으면 차라리 물어보자. 남자친구나 남자 동료들에게 솔직하게 궁금하다고 직접 묻는 것이다. "남자들은 이럴 때 어떻게 해?" "남자들이 이러는 건 어떤 상황일 때 그런 거야?" "남자들은 이런 사람 만나면 어떻게 대해?" 하면서 열심히 그를 귀찮게 하는 것도 방법이다.

생각보다 잘 말해주지 않을지 모른다. 당신을 경계해서가 아니라 그들도 말로 배워서 안다기보다는 오랜 조직생활을 통해 동물적으로 몸에 밴 것이기 때문이다. 잔뜩 기대하고 있는데, "에이, 그걸 어떻게 말로 해. 그냥 아는 거지" 하면서 두루뭉술하게 말해서 김빠질지 모른다. 안 해준다기보다 못 해주는 것인지도 모르지만 여성들은 자기 장기를 또 여기서 십분 발휘해야 한다. 말로 표현해낼 수 있는 분위기를 조성하고, 그런 자리를 만드는 것이다. 조목조목 설명하고 조언을 구하자. 구체적으로 사례별로 필요할 때마다 카운슬링을 요청하자. 카운슬링 요금? 정기적으로 지불하겠다고 말하자.

실수와 실패에도 수준이 있다

팀장에게 실적 보고를 해야 하는 D씨는 준비된 서류를 들고 갔다가 완전히 찌그러져서 돌아왔다. 숫자를 점검하지 못했더니 수치가 잘못 표기되어 실적을 부풀린 꼴이 되어버렸기 때문이다. 팀장은 차라리 숫자가 적게 표시된 실수였다면 애교 있게 웃고 넘어갈 수 있었겠지만, 적은 실적이 많게 표시되어 너무나 실망했던 나머지 평소와 달리 무척 화를 냈다. D씨는 안절부절 '죄송합니다' '다음엔 본래 표시된 만큼 노력하겠습니다' 라는 말을 연달아 하면서 진땀을 뺐다.

조직생활 중에 이런 실수 하나씩 하지 않는 사람은 없다. 더 치명적이고 아찔한 실수도 무수히 저지른다. 그렇기 때문에 직장인들이 실패나 실수에 대해 갖는 두려움은 상상 이상으로 크다. 실패나 실수는 자신에 대한 저평가 문제 이전에 얼굴을 들지 못할 창피스러운 일이다. 특히 여성들은 이 부끄럽고 민망한 상황을 당장 피해보려는 생각에 지나치게 노력을 하다가 도리어 역효과를 내는 경우가 많다.

사람은 누구나 실수할 수 있다. 문제는 실패나 실수 그 자체에 있는 것이 아니라 실패나 실수를 처리하는 방법에 있다. 조직은 당신이 저지른 실수를 책임감을 가지고 처리하길 바라고 있으며, 실수를 통해 교훈을 얻고 다시 같은 실수를 반복하지 않길 바란다. 조직이나 여러 사람이 피해를 볼 수 있는 실수라면 즉시 이실직고하여 정직하게 처리함으로써 피해를 최소화해야 하며, 내게만 피해를 입히는 문제라면 조용히 처리하는 것이 부작용을 덜 남기는 방법이다.

실패를 적극적으로 혹은 긍정적으로 받아들여 새로운 출발의 기회로 삼는다면, 실패는 우리에게 더 큰 성공의 밑거름이 된다. 실패를 이와 같이 생각할 수 있는 사람이라면, 그는 실패에도 불구하고 계속 성공의 길로 달려갈 수 있는 사람이다. 실제로 역사는 실패에 좌절하고 비관하고 주저앉은 사람에 의해서가 아니라, 실패에도 불구하고 적극적으로 실패에 임했던 사람들에 의해 발전해왔다.

미국의 인터넷 소매업체인 마더네이처(Mothernature.com)사는 간부사원을 채용할 때 특이한 조건을 한 가지 내걸고 있다. "먼저 직장에서 의사 결정과 관련해 뼈아픈 실수를 경험한 일이 있어야 한다"는 것이다. '실패'라는 뼈저린 아픔을 겪어본 사람만이 유사한 상황을 되풀이하지 않을 것이며, 매사에 심사숙고하는 경향을 보이기 때문이라는 게 마더네이처 측의 설명이다.

이 회사의 마이클 배럭 사장부터 과거 직장에서의 '실패 전과'가 있는 사람이다. 하버드대 경영대학원 출신인 배럭은 10여 년 전 불과 30세의 나이에 1억 달러짜리 가구회사의 부사장 자리에 오를 만큼 전도가 양양한 기업인이었다. 그러나 새로운 모험의 길을 찾아 커툰 코너라는 어린이용품회사로 자리를 옮긴 그는 처절한 실패를 맛봤다. 업계 선두주자인 디즈니 스토어를 따라잡겠다는 일념으로 무리한 사업계획을 밀어붙인 탓에 입사 3년만에 회사를 부도내고 만 것이다. 졸지에 거리에 나앉은 그를 받아줄 회사는 어디에도 없는 듯했다. 그러나 마더네이처사의 지주회사이자 벤처 캐피털업체인 베세머 벤처 파트너스사가 그의 이력서를 주목했다. 실패 경험이 오히려 그에게 보약이 될 수 있음을 간파한 것이었다. 배럭이 이끄는 마더네이처는 모회사인 베세머의 기대에 어긋나지 않았다. 창업 1년여 만에 마더네이처는 천연상품 분야에서 단연 업계 선두주자로 뛰어올랐다.

많이 실패한 사람일수록 많은 성공을 거둘 수 있다. 어차피 룰을 알고 시작하는 선수들과 간단한 규칙도 알지 못하는 선수들의 경기는 불을 보듯 뻔하다. 그래서 조직생활의 규칙을 알지 못하는 여자들에게 실패와 실수는 어쩌면 이미 예정된 것인지도 모른다.

오직 무엇인가를 시도하는 사람만이 실패할 수 있다. 한 번도 실패해본 경험이 없는 사람보다는 여러 번 실패해본 사람이 더 위대하다. 어쨌든 내가 가정으로 돌아가 집안일에 만족할 사람이 아니라고 판단되면 무슨 일이 닥쳐도 끄떡 없을 정도의 경험과 실패를 쌓아라. 실패를 두려워하지 않는 도전과 용기는 틀림없이 자신을 단련시키고 단단하게 할 것이다.

Ａｃｔｉｏｎ Ｐｏｉｎｔ ＋＋＋＋＋＋＋＋＋＋＋＋＋＋＋＋＋＋＋＋＋＋＋＋＋＋＋＋＋＋＋

야단맞으면서도 상사에게 점수 따기

❶ 10자를 넘지 말라
이유 불문 '잘못했습니다'가 철칙이다. 사과의 말도 '잘못했습니다' '다시 안 그러겠습니다'면 끝이다. 10자가 넘으면 그 순간 변명이다.

❷ 나중에 말하라
바로 빌지 못했으면 꼭 풀고 넘어가라. 상사가 기분 좋을 때 '밥 좀 사주세요' 해라. 지난 일을 설명하며 용서를 구할 때 화내는 상사는 거의 없다.

❸ 문제의 원인을 파악하라
같은 실수를 되풀이 하는 건 능력이 없거나 불성실한 것이다. 문제를 철저히 파악해서 같은 실수는 다시 하지 말자.

❹ 주사 맞는다고 생각하라
눈 질끈 감고 어금니 꽉 깨물고 꾹 참아라. 순간이다. '욱' 하고 따끔한 거 참는 순간 당신의 복록이 늘어난다.

❺ 웃어라
야단을 맞은 이후라도 다른 업무로 상사와 마주할 땐 웃어라. 새로운 일, 평정심을 회복하고 다른 표정으로 만나라.

남자들의
관심사를
공부하라

"선배, 좀더 있다가 퇴근하면 안돼요?"

"어… 나 오늘 약속이 있는데, 왜?"

"저, 일이 조금 남았는데, 도와달라는 건 아니고…. 그냥 다 마칠 때까지만 옆에 있다가 같이 퇴근하면 안돼요? 네?"

J씨는 학교선배이자 사무실에서 가장 편한 여자선배인 김 대리를 붙들고 사뭇 애원조가 되었다.

"도와달라는 것도 아니면서 왜?"

"그냥…요. 혼자 있기 좀 그래서…."

"혼자? 아냐. 저기 민호 씨도 아직 있는데 뭘… 근데 J씨, 혹시 민호 씨

땜에 그래?"

"아, 아니요."

"아니긴… 어후~ 아직도 그러면 어떡하냐? 그럼 일 못해. 우린 야근도
잦은데 이렇게 남자를 겁내서야 어찌 일을 해? J씬 현장에는 겁나서 어떻
게 나가냐? 거긴 남자들이 우글우글한데."

"거긴 그래도 여러분들이 같이 있으니까…."

"아이고, 우리 민호 씨가 들으면 섭하겠다. J씨 앞에서 차라리 무슨 야수
짓이라도 했다면 덜 억울할 텐데."

"…."

J씨는 김 대리가 얄미웠을 것이다. 하지만 남자동료는 내 가까이서 일한
다고 '특별한 남자'가 아니다. 남자친구는 더더욱 아니며 앞으로 남자친구
가 될 가능성마저 버리고 시작해야 하는 관계다. '회사의 목표'를 함께 이
루어 나가야 하는 동지적 개념이라고 해야 할까.

일 잘하는 프로는 일단 자신이 놓인 환경이 어떤지 파악하는 능력이 뛰
어나다. 남자가 많은 조직, 남성 중심의 사회에서 성공하려면 일단 남자의
생리를 이해해야 한다. 그렇다고 여성성을 버리란 의미는 절대 아니다. 남
자와의 대화법을 배우라는 의미다.

스포츠와 시사에 관한 일정 수준 이상의 상식을 갖춰라. 맨체스터 유나
이티드와 첼시의 경기에서 누가 골을 넣었는지, 남북정상회담 이후 남북

관계에는 어떤 변화가 있었는지 등을 두루 아우르는 주제로 30분 이상, 아니 1시간 이상은 대화할 수 있는 센스가 남자들의 눈과 귀를 모으게 하는 비결이다. 남들보다 일찍 출근해서 일간지와 경제신문과 인터넷 시사뉴스를 꼼꼼하게 보고 자신이 관심 있는 분야의 전문잡지도 구독해서 보는 열의도 필요하다. 다른 사람과 어찌 달라 보이지 않을 수 있을까. '아, 이 사람은 여잔데도 말이 통해' 대번에 뜨거운 반응이 온몸으로 느껴질 것이다. 그러면 남자들은 자기들끼리의 이야기에도 어느새 당신의 의견을 듣고 싶어할 것이다. 할 수만 있다면 〈뉴욕타임스〉나 〈포브스〉 같은 세계적인 시사지를 봐줘라. 이왕 할 거면 강하게 나가주는 거다. 무슨 말인지 잘 모르는데 돈만 아깝다고? 처음에는 모르는 말 투성이겠지만 한 달만 읽어 보면 세상 돌아가는 흐름이 보일 것이다.

세계적인 석학 앨빈 토플러는 지난 2007년 개최된 '세계여성포럼'에서 여성들에게 "국내 소식만 읽지 말고 해외에서 일어나는 일에 관한 정보도 부지런히 습득하라"고 권한 바 있다. 그는 〈요미우리〉신문과 〈뉴욕타임스〉가 얼마나 다른 시선으로 세상을 보고 분석하는지 느껴보라고 한다. 귀담아 들을 이야기다.

늘 옷, 쇼핑, 미용, 연예인의 가십 이야기에서 한 발짝도 나오지 못하는 대화는 다른 남자동료들에게 '일들은 제대로 하시는겨?' 하는 의심까지 살 수 있다. 남성과의 커뮤니케이션은 남성들의 관심사에 관심을 가지는 데서 출발한다. 남성이 여성과 대화하기 위해 여성들의 관심사에 관심을 갖는 것과 같다. 하지만 그렇다고 일부러 남성처럼, 아니 남성보다 더 남성처럼 소통을 하라는 의미는 아니다. 남자동료를 대하기 위해 나를 남성화할 필요는 없다. 다만 자신의 '여성성'을 무기로 삼아 벽을 쌓아서는 안 된다는 의미다. '술은 절대 못해요' '12시가 넘으면 집에서 쫓겨나요' '여자가 어떻게 그런 일을' '전 그런 일 해본 적이 없어서요' 하면서 말끝을 흐리거나, 지나친 방어를 하면 남자들이 당신과 대화하고 싶어도 할 수 없게 만든다.

때로는 휴가도 반납하고 팀과 함께 뛰는 적극적인 팀워크도 발휘해야 하고 며칠씩 야근도 할 수 있어야 한다. 지나친 경계심으로 자신을 섬으로 만들지 않아야 한다. 그러기 위해서는 예리한 분별력과 빠른 판단력이 중요하다. 가벼운 농담과 지나친 음담패설을 분별하고, 칭찬과 야유를 구별하고, 배려할 것인지 용기를 낼 것인지를 판단해야 하며, 업무에 대한 비판인지 인신공격인지도 가려야 한다. 그래야 그에 맞는 대응방법이 적절하게 나오는 것이다.

A c t i o n P o i n t + + + + + + + + + + + + +
+ +

남자들과 오해 사지 않는 대화법

1 대화가 잘 통하는 남자동료라도 특별히 더 잘해주려고 하지 말라.

2 직장에서 연애하듯 행동하지 않는다. 눈짓을 주고받는 행동, 귀에 대고 소곤소곤대는 행동, 실없는 소리에 맞장구치며 크게 웃는 행동은 의심과 비난을 받기 충분하다.

3 남녀관계에서는 공과 사를 엄격히 구분한다. 업무와 관련된 활동에서 개인적인 행동을 삼간다.

돈보다
값진
신뢰를
쌓아라

실적이 좋아 짧지만 달콤한 사흘간의 포상휴가를 즐기고 회사로 돌아온 L씨는 오랜만에 거래처를 찾았다. 하루에도 한 차례 이상씩 들르는 곳인 만큼 나흘 만에 찾아가니 아주 오랜만인 것처럼 느껴졌다. 그런데 늘 웃으면서 L씨를 반기던 K씨가 없었다.

"어, K씨 어디 갔어요? 오늘 월차예요? 안 보이네."

갑자기 H대리가 오더니 소곤댄다.

"월차는요. 이직했어요."

"엥~ 정말이예요? 나 없는 사이에?"

"이상하게 최근에 K씨의 근무태도가 전 같지 않다는 걸 느꼈는데, 우리 회사보다 조금 더 높은 연봉을 제시했나봐요. 한마디로 스카우트된 거죠. 흐흐, 능력 있어."

"아니, 어쩌면 내색 한 번 없이, 한마디 말도 없이 이럴 수가 있담?"

"그럴 수가 있는 게 돈이 그렇게 사람을 만들어요. L씬 몰랐어요? 순진하다, L씨!"

K씨는 이 회사에서 채 3년을 채우지 못한 채로 떠났지만 L씨에겐 2년 가까이 거래담당자였다. L씨는 속으로 은근히 배신감을 느꼈다. '돈이 중요하기로서니 그래도 예고편도 없이 말이지 너무한 거 아냐? 나도 권리 있다구. 뭐라도 이리저리 준비할 수 있게 해줘야지' 하는 생각이 들었다.

이런 일은 비일비재하다. 구직이 여의치 않다 해도 사람들은 또 어딘가 갈 곳을 찾아내서 가고 조금 더 봉급을 주겠다는 곳을 잘도 알아낸다. 그런데도 고학력 청년실업자가 많은 진짜 이유는 무엇일까. 경기가 나쁘다고 말하고 취업문이 좁은 탓이라고도 하지만 반대로 기업은 인재가 없다고 아우성이다. 신입사원이든 경력사원이든 별반 차이가 없다고 한다.

인사담당자들에 따르면 세상은 자꾸 변해가고 경제구조도 바뀌어 가는데, 21세기 인재라고 자부하는 '젊은 피'의 이력서는 별것이 없다고 한다. 개성도 없고 창의력도 없고 일에 대한 열정도 없이 그저 돈만 바라보고 온 사람들이 태반이라는 사실이다. 확실하게 할 줄 아는 것도 없고, 겁은 많아서 실패는 두려워하고, 무엇이든 확실하게 보장되지 않으면 절대 시작도 하지 않으며 옛날 어른들처럼 고생하며 자수성가할 자신도 없다는 것이다.

회사 입장에서 그들은 조금만 더 나은 연봉을 주는 직장이 나타나면 미련 없이 회사를 그만둘 게 뻔히 보인다고 한다. '한두 번 장사해보는 것도 아니고' 한 번 보면 척 알 수 있다는 말이다. 기업이 경력자 채용을 늘리고 있지만 여전히 자신의 커리어를 돌보지 않고 돈을 따라 거침없이 이직을 하는 철없는 경력자도 제법 있다.

일을 배우려면 한군데의 직장에서 적어도 3년의 시간이 필요하다. 거기서 바닥부터 차곡차곡 실전 경험을 쌓아가야 한다. 예를 들어 미용업계의 경우 이직률이 높다. 무수히 많은 미용실에서 일할 수 있고, 자금이 된다면 자신의 미용실을 차려도 되겠지만 더 급한 일은 미용 기술을 기르는 것이다. 여기저기 돈 조금 더 준다는 곳만 있으면 철새처럼 자리를 옮겨 다녀서는 실력이 좋아질 리 없다. 일터에서 당장 필요한 능력은 겉멋이나 추상적인 감각이 아니다. 당장 실력을 쌓고 연습을 하면서 고객이 만족스러워하는 스타일을 만들어내야 한다.

자신이 이미 한 분야의 경력자라고 해도 한 번 반문해보자. 자신의 최대 관심사가 오직 '나 자신'과 '돈'에만 있지는 않은가. 그리고 무슨 일이든 섣불리 결정했다가 나중에 후회할까 두렵지 않은가. 해보지도 않은 일을 후회할 걱정부터 하지 않는가. 보지도 않은 영화를 재미없을까봐 포기하지 않는가. 가보지도 않은 여행지에 볼 게 없을까봐 안 가기로 하고, 저 요리가 맛이 없을까봐 맛도 안 보는 일은 없는가. 이 일도 조금 할 수 있고 저 일도 시켜주면 조금은 할 수 있을 것 같지만, 사실 내가 하고 싶은 일은 늘 따로 있다고 생각하지 않는가.

조직에서 성공하는 사람은 능력과 역량이 뛰어나기도 하지만 조직의 신뢰를 얻고 있는 사람이다. 조금 더 좋은 조건이라고 쉽사리 자리를 뜨지 않을 사람이라는 믿음, 실력에 비해 허드렛일을 하고 있지만 그 일마저도 성실하게 하는 사람이라는 평가, 이런 것들은 하루아침에 이루어지는 것이 아니고 차곡차곡 시간을 들여 행동으로 보여줄 때 얻을 수 있는 것들이다.

세상에 변명할 일은 많다. 아직도 여성들을 일컬을 때 '차별받는 여성들' '사회적 약자인 여성들'로 표현하는 것이 자연스러운 현실 속에서 언제든지 도망칠 구멍을 남겨두고, 적당히 발을 빼고, 가슴이나 발로 살지 않고 머리로만 살고 있지는 않은가. 해보지도 않고 두려워하는 사람은 영원히 아무것도 할 수 없다. 지금 필요한 것은 계산이 아니라 행동이다. 여성이라고 예외는 없다. 절실한 것이 있다면 현장에서 발로 뛰어 구해야 한다. 그것이 조직생활을 잘하는 사람의 기초체력 프로그램이다.

자기 몫은
제대로
챙겨라

새로운 사업부로 발령이 난 L씨. 그런데 다른 사람들은 다 받은 보너스를 그녀만 받지 못했다. 분명 받기로 약속된 것이었는데 주지 않는 것에 대해 그녀는 어떻게 대처해야 할지 몰랐다. 보너스를 받을 자격이 없어서 받지 못한 것인지 관련부서에 물어보려고 했더니, 옆 자리에 앉은 동료가 그렇게 말하면 안 된다고 했다.

"받을 자격이 있냐 없냐를 물어볼 게 아니라, 주기로 약속했고 받을 자격이 있는데 왜 주지 않는 것인지 물어야죠."

쭈뼛쭈뼛 눈치만 살피며 애간장을 태웠던 L씨가 비로소 질문의 정확한 맥을 잡고 얼굴이 환해졌다. 결국 알아보니 관련 부서에서 실수를 한 것이었다. 괜히 어수룩하게 주눅 든 모습으로 갔다가는 본전도 못 찾았을 일이란 생각에 동료에게 저절로 감사인사가 나왔다.

많은 여성들은 'Auto'를 좋아한다. 그냥 알아서 자기한테 좋은 일이 생기고 원하는 일이 생겨주길 바란다. 하지만 현실은 이익을 챙기려면 스스로 필요한 것을 확실하게 이야기해야 하고 부당한 것에 대해 꼭 짚고 넘어가야 한다. 쉬운 말로 '물'로 보이면 그냥 그릇에 담겨진 대로 어쩌지 못하는 물인 줄 안다. 원하는 것을 달라고 하지 않으면 거절당하는 민망한 상황은 피할 수 있지만, 원하는 것을 절대 손에 넣지 못한다. 혹시 당신이 불만이 많고 쉽게 투덜대는 타입이라면 모든 일이 저절로 잘 되고 원하는 것이 저절로 이루어지길 바라기 때문일 수 있다. 말하고, 원하고, 요구해야 '자기 몫'을 챙길 수 있다. 그러지 않으면 내 몫은 쉽게 내 손 안에 들어오지 않고 계속 방황을 거듭하거나 중간에 가로채이기 쉽다.

'재주는 곰이 넘고 돈은 뙤놈이 번다'는 말이 있다. 정작 열심히 일한 사람은 나인데 엉뚱한 사람이 칭찬을 듣거나 그 성과에 대한 보상을 받는다. 직장생활을 하는 여성이라면 이렇게 성과를 가로채이는 경우를 아마 한번쯤 겪어보았을 것이다. 속이 부글부글 끓고 머리는 뚜껑이 열릴 정도로 잔뜩 열이 받아 있어도, 당신은 즉각 "그거 사실은 제가 한 거예요"라고 쉽게 말하지 못할 게 분명하다. 그렇게 말할 수 있는 사람은 열 명에 한둘도 안 된다. 밤잠을 설치고 분노로 몸이 떨려도 속수무책 속만 끓이는 경우가 보통이다.

그렇다면 어떻게 해야 내가 열심히 일한 공이 다른 사람에게 돌아가는 어처구니없는 일을 막을 수 있을까. 일부러 남의 것 가로채는 데 능수능란한 사람이 분명 있다. "어, 어!" 하다가 죽 쒀서 개 준 꼴이 되지 않으려면 "참신한 아이디어를 짜내느라고 잠도 못 잤다"고 말해보자. 혹시 상사가 오해하고 있다면 바로잡을 기회를 친절하게 마련해드리는 것이다.

아니면 "제 아이디어가 맘에 드신다니 다행이네요. 하지만 선배가 도와주셔서 더 잘할 수 있었어요"라고 하거나 이메일을 보내서 아이디어가 내 머리에서 나온 것임을 은근히 알려도 좋다. 만일 선배의 비열한 처사가 같은 식으로 반복될 때는 분연히 맞서야 한다. 싸울 필요는 없지만 모르는 척하는 태도는 앞으로도 계속 그렇게 당할 수 있는 텃밭을 다져주는 꼴밖에 안 된다. 사실을 지적하고 다신 그러지 않겠다는 약속을 받아내 상쾌한 마무리를 해줘야 한다.

아니면 처음부터 그런 못된 일을 할 공산이 큰 사람에겐 미리 뼈 있는 말로 내가 선배에게 도움을 주고 있다는 것을 못 박아 말한다. 또 대가 없이 허드렛일을 해주지 말아야 한다. '묵묵히 일하면 언젠가 알아줄 거야' 하는 생각은 오산이다. 진심으로 돕고 싶어서 한 일이 아니라면 당당하게 요구하고 다음에 도움을 요청해야 한다.

그러나 때로는 혼자 만든 자료라도 마음 넓게 나누어 쓰고 같이 돌려 보면서 공유하는 너그러움이 필요하다. 다른 사람을 돕는 일도 분명 업무의 일부다. 너무 벌벌 떨면서 꽁생원처럼 굴지는 말자. 단, 자료를 넘겨주면서 "다음에도 도와드릴 일 있으면 언제든지 이야기하세요"라고 당당하게 말하는 것을 잊지 말아야 한다. 선배나 동료가 확실히 내 신세를 지고 있다는 느낌을 팍팍 심어준다.

좀 비열하지 않냐고 하겠지만 다른 사람이 당신을 마음에 들어 하는 것과 당신이 원하는 것을 손에 넣는 일은 별개의 문제다. 두 가지가 서로 배타적이긴 하지만 이 문제를 물에 물탄 듯 술에 술탄 듯 처리했다가는 만날 땅만 치고 산다. 누구를 탓할 수 있을까. 좀 야무져져라. 당신 몫의 밥그릇도 뻑하면 뺏기는 상황이라면 그야말로 조직생활에서 곧 '게임아웃' 글자가 뜰지도 모른다.

A c t i o n P o i n t +++++++++++++++++
++++++++++++++++++++++++

원하는 것을 손에 넣는 법

1 부당한 일이 발생하면 상황을 마음대로 해석하지 말고 사실부터 정확히 파악하라.

2 요구할 것을 미리 생각하고 협상하라.

3 무엇인가 요구할 때는 사실을 보고하듯 단정적으로 말하라. '무엇 무엇을 해주셨으면 좋겠습니다'가 아니라 '무엇 무엇을 해주시기로 하셨습니다'라는 식이다.

4 요구할 타이밍을 잘 잡아라. 요구할 '적기'를 말한다. 분위기 파악 못하고 중대한 프로젝트를 진행하는데 중간에 다른 팀으로 옮겨달라고 하면 팀장이 당신을 책임감 없는 사람으로 당장 낙인찍는다. 인생만사 타이밍이 중요하다.

'버리고 죽이고' 시작하라

넉넉지 못한 살림살이에 형제자매가 많은 집의 아이들은 투정이 적다. 내가 좋아하는 것, 싫어하는 것에 대해서 까다롭게 굴 틈이 없다. 언제나 발 빠르게 움직여야 내 몫을 차지할 수 있고 좀더 좋은 것으로 골라잡을 수 있기 때문이다. 아이들이 각자 챙겨가야 하는 학교 준비물도 일찍 일어나서 먼저 준비하는 사람이 가지고 달아나면 할 말이 없는 경우가 많다.

하지만 근래에는 형편이 달라졌다. 형제자매가 아주 많다고 해도 셋, 보통은 둘이다. 외동도 적지 않아서 사실 아주 어려운 집안형편만 아니라면 부족함 없이, 아니 오히려 많은 경우 차고 넘치는 환경 속에서 성장한다. 충분히 자신의 의견을 펼치고 존중받고 개성을 살리는 환경 속에서 성장한 탓에 요즘 세대는 자기주장이 뚜렷하고 개성이 강하다.

하지만 이런 특징이 사회생활을 하면서 언제까지나 장점이기는 어렵다. 모든 사람이 가족처럼 마냥 자신을 이해해주고 곱게 봐줄 리는 만무하기 때문이다. 그래서 나를 드러내고 개성을 살리는 일도 중요하지만 역설적으로 나를 없애는 연습 또한 아주 중요하다.

서양에서는 어릴 때부터 자신의 성질을 죽이도록 끊임없이 훈련시킨다. 남들 앞에서 '나는 이런 사람이다, 내 성격은 좀 이런 편이다, 난 좀 본래 그렇기 때문에 쉬 고칠 수 없다'라고 말하는 사람은 처음부터 단단히 미성숙한 어린아이쯤으로 취급받는다. 사적으로야 그런 말을 할 수 있다고 해도 적어도 사회생활을 하는 사람이 직장 내에서 자신의 성질이 어떠하다느니 떠드는 것은 아주 덜떨어진 언행이라 치부하기 때문이다. 그런 말은 '그러니 이제 내 성질 알았느냐, 내 성질 이렇게 더러우니 알아서 기라'는 말이나 다름없다.

그런데도 우리는 흔히 '나는 어떻고, 내 취향에 맞지 않아서, 내 부류가 아니야'라는 식으로 자신의 정해진 틀을 이야기하는 사람을 아직도 쉽게 볼 수 있다. 이런 말은 퇴근하고 난 뒤 회식자리에서나 할 수 있다. 이런 말을 하는 사람들을 잘 살펴보면 사회생활 초년병이 많다. 하지만 남이 그 사람 성격이 어떠하더라 라고 말할 수는 있어도 자기 스스로 내가 어떤 사람이라고 말하는 것은 자기 홍보도 아니고 아무것도 아니다. 생각 외로 그런 말을 아무런 문제의식 없이 마구 내뱉는 경우가 많다. 이제 나 자신은 더 이상 바꾸지 않고 남들이 변화해 자기에게 맞추어주길 바라는 미숙한 사회의식은 버려야 한다.

서양 남자에게 가장 모욕적인 말은 'baby' 또는 'boy' 라고 불리는 것이다. "He is such as baby!"라고 하면 그는 직장생활로 성공하기는 틀렸다는 뜻이다. 더 이상 "나는…"이라는 말로 시작되는 어리석은 자기방어 내지는 변명을 절대 하지 마라. 조직문화에서는 부단히 자신을 버리는 연습이 필요하다. 진짜 성질이 있는 사람은 함부로 성질내지 않고 함부로 내 성질 운운하지 않는다. 정말 성격을 드러내고 그 성질을 보여주어야 할 때를 잘 알기 때문이다.

사실 힘들 것이다. 아직도 그 버릇 버리지 못한 동료, 생각보다 다루기 어려운 후배, 절대로 저 버릇 고치지 못할 것 같은 상사까지, 이들이 내 앞에 줄을 섰을 때 나는 어떻게 해야 할까. 그동안 부단히 노력해왔던 조직에 맞춘 '나 버리기 훈련'을 비웃기라도 하듯 이들이 내 신경을 건드린다면 어떻게 효과적으로 대처할까.

막말하는 상사 때문에 하루에도 몇 번씩 '뚜껑이 열릴 지경'이라고 하소연하는 직장여성들이 많다. 하지만 이때는 정말로 '뚜껑'을 잘 열어야 한다. 권위적인 상사일수록 자신에게 도전하는 것을 두고 보지 못한다. 이럴 때 공개석상에서 반박했다가는 뒷감당이 어렵다. 절대 공개석상에서는 상사의 의견에 반박하지 말고 일단 참으며, 나중에 어떻게 하면 상사가 직원들에게 욕을 먹는지 다른 팀 상사의 사례를 내세워 내 상사 앞에서 험악하게 제대로 짚어준다. "저희가 그 팀이었으면 아마 회사 관뒀을 거예요!" 정도.

공주병이 심한, 아직 자신을 '버리고 죽이는' 일에 엄청 서툰 여자동료가 있다면, 그녀의 공주병을 역으로 이용할 수 있다. 자칫하다가는 그녀의 일이 다 내게 몰려올 수 있으므로 어떻게든 길들여야 한다. '우리 같이 좀 해보자. 너 없으면 내가 어떻게 이 일을 다 할 수 있겠어?'라며 공주병인 그녀의 기분을 은근히 띄워준 뒤 할당량을 과감히 패스한다. '넌 이것만 하면 돼. 나머지는 내가 다 할게' 하는 가벼운 멘트도 잊지 않으며 그녀를 꼬드긴다.

이 모든 방법이 조직 안에서 나를 버리면서 어떻게 인간관계를 맺어갈 것인가의 문제와 상통한다. 나를 버리고 죽이는 노력은 필요하지만 우리는 누구나 존중받아 마땅한 사람이므로 일방적으로 피해만 입을 수는 없다. 이런 관계맺음을 통하여 현실 감각을 기르고 꿈을 가꾸려는 단단한 의지가 있을 때 적절한 조직형 인간으로 거듭날 수 있다. 나의 이익만이 아니라 회사의 지침과 이익을 위해서 일하는 사람이 되어야 한다. 그렇게 차곡차곡 조직과 회사의 신뢰를 쌓아가며 나의 가치를 높일 때, 회사의 성장을 통해 나의 꿈도 함께 이룰 수 있다.

Chapter
2

관계의 룰을 모르는 당신, 상대를 파악하라

모든 일은 사람에게서 오고 사람이 완성하는 것이다.

아무리 출중한 능력도, 아무리 탁월한 선택도

사람 사이의 중심 잡기, 사람과의 조화에서 실패하면 빛날 수 없다.

위, 아래, 옆 사람 사이에 둘러싸인 나.

어떻게 하면 즐거운 관계 속에서 노래 부르며 일할 수 있을까.

약한 연결의 관계망을 넓혀라

여자들은 인간관계를 배타적이며 독점적으로 맺는 습관이 있다. 학창시절만 생각해봐도 여자들은 마음이 맞는 단짝과 화장실도 같이 가고 매점도 같이 다니며 하루 종일 붙어 있다. 심지어는 화장실 같은 '은밀한 장소' 까지 같이 들어가서 별것 아닌 일로 수군수군 희희낙락 떠들다 나온 경험, 모르긴 몰라도 적지 않은 여성들이 해봤을 것이다. 남자들은 도무지 이해할 수 없는 부분이다.

이처럼 여성들은 마음에 드는 소수와 자신의 많은 부분을 공유하는 일에 익숙하고 그 외엔 경계하고 배타적인 태도를 갖는다. 그러나 이런 태도를 계속 고수하면 조직생활에서 더 많이 배울 수 있는 기회를 얻지 못한다. 두서너 명이 모여서 즐겁게 희희낙락하는 습관을 버리자. 사회구성원으로 일하는 성인이라면 이 세상을 움직이는 네트워크 속의 일원으로 사람을 만나고, 사회적인 도움을 주고받을 수 있는 협력자로서 만날 줄 알아야 한다. 그것이 조직생활에서 여성들이 취해야 할 인간관계 개선의 핵심이다.

남자와 여자가 각각 어떤 관계망을 가졌는지 알아보는 한 가지 실험이 있었다. 무작위로 뽑은 사람들에게 한 사람의 목표 인물을 제시하고, 그 사람을 알 만한 자신의 지인에게 소포를 전달하도록 한 것이다. 두 번째로 전달 받은 사람은 마찬가지로 목표 인물을 알 만한 자신의 지인에게 전달하도록 지침을 받았다. 이 실험 결과에 의하면 30%의 소포가 도착지에 성공적으로 배달되었는데, 남자로부터 출발한 소포가 여자에게 도착하는 것이 여자에게서 출발하여 남자에게 도착하는 경우보다 많다는 것을 알아냈다. 남자의 관계망이 여자보다 폭넓다는 점을 시사한다.

비슷한 맥락에서 사회적 지위가 높은 사람에게서 출발한 소포가 목표 인물에게 도착할 확률이 높으며, 다른 인종 간에는 도착률이 떨어진다. 이 연구는 사회적 명망가일수록 아는 사람이 많다는 점과 전달의 중간단계에서 활용되는 네트워크가 친한 사람보다는 그냥 알고 지내는 사람이라는 점을 알려준다. 소수의 강한 연결보다 다수의 약한 연결이 훨씬 확장성이 크기 때문이다. 실제로 사람들은 직장을 얻거나 옮길 때 필요한 정보를 얻는 통로로 강한 연결보다 약한 연결을 활용하며, 또 약한 연결이 강한 효과를 낸다.

이는 인적 네트워크를 어떤 식으로 맺고 살아가야 하는지에 대해서 시사하는 바가 크다. 일반적으로 나와 친한 친구는 내가 정보를 얻는 사람과 겹치는 정보원을 갖고 있다. 그렇기 때문에 친한 친구로부터 간혹 비밀스러운 고급 정보를 얻을 수 있을지는 모르지만, 새로운 정보가 흘러나올 가능성은 낮다. 오히려 아주 오랜만에 만난 지인으로부터 새로운 정보를 더 많이 듣는다.

조선시대 최고의 부자였던 임상옥은 '장사는 이익을 남기는 것이 아니라 사람을 남기는 것'이라고 했다. 우리 현대경영사에 분명한 족적을 남긴 현대그룹 고 정주영 회장도 그와 비슷한 말을 남겼다. 분명 사람을 남기는 것이 장사다. 왜냐하면 사람을 통해서 돈이 오기 때문이다. 돈을 한 푼 얻었다면 그것으로 그만이다. 하지만 사람을 얻었다면 그 사람을 통해서 꾸준하게 돈이 들어올 수 있다.

돈을 보고 쫓아가면 큰돈은 '붙지' 않는다. 연봉 조금 높여준다고 홀딱 이직하는 사람, 얼마 되지 않았는데 또 다른 곳에서 손을 내밀었다고 계산기 두드려 보고 엉덩이를 들썩이는 사람은 경력도 안 되고 일도 안 된다. 비즈니스를 하려면 간접적인 이익을 만들어야 한다. 돈을 쫓아가는 게 아니라, 돈이 자신에게 자연스럽게 따라오도록 해야 한다. 일반적으로 돈과 기회는 사람을 통해 온다.

그래서 일 잘하는 첫 번째 비결은 바로 사람을 잘 얻는 것이다. 돈을 보고 열심히 뛰어가는 것이 결코 최고의 비결은 아니다. 비즈니스는 사람을 만나는 일이다. 당신을 신뢰하고 당신의 성공을 지지하는 진정한 사람을 만난다면 당신의 비즈니스는 성공한다.

비즈니스뿐만 아니라 우리의 인생 역시 사람을 만나는 것이 중요하다. 좋은 인생, 행복한 인생, 성공한 인생은 어떤 모습일까? 인생의 행복 역시 사람을 통해서 온다. 나를 신뢰하고 나를 사랑하는 사람이 있어서 나와 같은 띠로 묶인다면 우리는 충분히 행복할 것이다. 나의 행복과 성공을 간절히 기원하는 사람이 있고, 나 역시 그의 행복과 성공을 진심으로 바라는 그런 사람이 있다면 그를 통하여 내 인생의 행복이 올 수 있다.

직장에서도 소중한 사람을 얻으려고 한다면 내가 먼저 그에게 이익을 주어야 한다. 인간관계의 가장 기본적인 원칙은 상대에게 이익을 주는 것이다. 너무 냉정하게 들리고 인정하고 싶지 않은 말이지만 사실이다. 당신이 만나고 싶은 사람은 누구이고, 당신이 만나고 싶지 않은 사람은 누구인가?

"오늘 끝나고 맥주 한 잔씩 어때? 저번에 내가 샀으니까 오늘은 김 대리가 사지. 김 대리, 너무 오랜만이지? 돈 낼 기회를 줬어야 하는데…."

술자리에 가기도 전에 꼭 이렇게 술맛 떨어지게 하는 사람이 있는데 '오늘도 또….' 하고 김 대리는 생각한다. 그렇지 않아도 자기가 살 테니 맥주 한잔씩 하고 가자고 하려던 참인데, 그걸 참지 못하고 냉큼 꼭 집어 말하고 마는 사람이 얄밉다. 어렵사리 무엇인가 부탁하려고 하면 "어디 그게 맨입으로 되나? 이거 해주면 김 대리가 오늘 저녁밥 사는 건가?" 이런 식이다. 이제 김 대리는 그와 가까이 하는 일이 꺼려진다.

이렇게 한 치의 손해도 보지 않으려는 사람이 있다. 주는 게 있으면 그때그때 되받으려고 하고, 제대로 못 받게 생겼다 싶으면 꼭 말을 해서라도 받으려고 하고 나중에라도 서운했다고 기어이 짚고 넘어가야 직성이 풀린다. 목적이 없으면 사람 만나는 일도 대강대강 건성이고, 내게 도움 되는 일이 없다 싶으면 야박하다. 극단적인 예일지 모르지만 사회생활을 하는 사람이라면 누구나 조금씩 이런 계산을 하고 산다.

그 모든 경우를 탓할 수 없지만 진정으로 바람직한 인간관계는 적당히 손해 보는 가운데 일어난다. 다른 사람과 일하다 보면 내가 조금 불편한 것도 감수하고, 배려하기 위해서 부지런도 떨어야 하고, 연거푸 계속 돕고 베푸는 일이 일어나기도 한다. 물론 타인에게 주는 이익이 물질적인 차원만은 아니다. 명예, 좋은 기분, 감동, 만족 등 이익의 형태는 다양하다. 나에게 아무런 금전적인 이익을 주지는 못해도 어떤 사람을 만나면 아이디어가 생기고 인생의 지혜를 하나씩 얻는다면 그는 나에게 충분한 이익을 주는 사람이다. 어떠한 형태라도 내가 남에게 주는 것이 있다면 나는 그에게 소중한 사람이다. 물론 나 역시 나에게 많은 것을 주는 사람을 소중하게 생각할 것이다.

상사에게 나의 의견을 팔아라

첫 직장에서 3년, 지금 직장에서 3년 동안 근무한 J씨는 다시 다른 회사로 옮기게 되었다. 그녀가 가게 된 세 번째 회사는 외국계 회사였다. 첫 직장에서 성실하게 경력을 쌓고 자기 전문 분야에서 능통한 영어 실력을 발휘한 덕분에, 거래처였던 이 외국계 회사 간부의 눈에 띄어 스카우트된 것이다.

그녀는 늘 자신감과 자부심이 충만하다. 업무상 이전 직장에 가끔 가면, 옛 동료들도 그녀에게 얼굴이 더 피었다는 둥, 훨씬 자신감 있고 활기가 있어 보인다는 둥, 진짜 커리어우먼 틀이 딱 잡혔다는 둥 하는 인사말을 빠뜨리지 않았다. 그녀가 따로 표정관리를 하지 않았는데도 많은 사람들에게 이런 모습으로 평가받는 걸 보면 내면의 활기와 자신감이 어느새 얼굴 밖으로 퍼져 나오는 것이 확실하다.

그렇게 6개월이 흐른 후 J씨는 첫 평가표를 받아들었다. 그런데 첫 평가표에는 그녀가 예상하지 못했던 심각한 수준의 개선 요구사항이 들어 있었다. 이런 상황이 계속되면 회사를 계속 다니기 힘들 수도 있다는 뉘앙스의 경고까지 들어 있었다. 개선 요구사항은 세 가지였다. '아래 팀원이든 상사든 여러 사람의 도움을 적극적으로 요청하고 의견을 물을 것' '영어로 문서를 만들 때 지금보다 더 논리적이고 이성적일 것' '상사의 의견과 자신의 의견이 다를 때는 자신의 의견을 더욱 확고히 하고, 대충 합의하지 않을 의무를 지킬 것'.

그녀가 가장 놀란 것은 바로 '합의하지 않을 의무'이다. 그녀는 좀 억울했다. 상하 위계질서를 중시하는 우리 문화를 이해하지 못한 외국인 리더의 잘못된 기준이라는 생각이 들었기 때문이다. 지시 내용이 불필요하거나 핵심에서 어긋나 있다는 생각에 몇 번 상사에게 자신의 의견을 피력했던 적도 있었기 때문에 이런 평가는 더욱 억울했다.

그래서 그녀는 평가를 내린 상사를 찾아가 도대체 무엇이 잘못됐는지 따져 물었다. 그러나 외국인 상사의 반응은 차가웠다. 프로의 세계에서 가장 못난 사람은 남이 시키는 대로만 하는 사람, 옳지 않다고 믿는 일을 그냥 윗사람 눈치 보고 소극적으로 대처하는 사람이라는 답이 돌아왔다. 자신의 소신도 지키지 못하는 사람이 어떻게 고객을 제대로 설득할 수 있겠느냐는 지적도 따라왔다.

　그녀는 이 사건으로 정신이 좀 어찔했다. 상사를 고객처럼 설득한다는 것은 얼핏 쉽게 느껴지지만 그게 어디 그럴까? 가슴이 답답하고 막막해졌다. 그러나 거기서 가슴만 치고 있을 수 없다는 생각이 그녀의 머리를 퍼뜩 깨웠다. '진정한 프로란 과연 무엇일까?' 하는 생각을 깊이 하면서 마음을 진정시켰다. 자신은 프로라고 생각했었는데 무언가 처음부터 생각을 바꾸지 않으면 안 되는 상황에 놓인 것이다.

　상사로부터 어떤 일을 지시받으면 신속하게 업무를 진행시키려고 하기에 앞서, 일의 전체를 보고 전략과 전술을 균형적으로 가져가도록 노력해야 한다. 나무만 보지 않고 숲을 보는 자세다. 그래서 그 안에서 나름대로 자신의 소신을 찾고 자신의 소신을 지키기 위해서는 때때로 싸움도 할 각오가 되어 있어야 한다. 하지만 자기가 틀렸을 경우엔 빨리 자신의 잘못을 인정하고 고칠 수 있는 사람이 진정한 프로다.

　오늘부터 상사는 내 고객이다. 고객에게 이로운 일을 하는 것이 결국 내 이익이라는 관점을 가져라. 고객에게 이익이 되는 일이 아니라면 과감히 손을 든다. 두 입술을 꼭 붙이고 물러설 수 없는 부분을 제시하고 섣불리 합의하지 말고 내 의견을 받아들이게 설득한다. 나의 의지가 읽힐 수 있게 단호하면서도 간절한 양면의 모습을 잘 연출해야 한다.

A c t i o n P o i n t + + + + + + + + + + + + + + +
+ +

피드백으로 관계를 매끄럽게 하라

1️⃣ 정기적으로 상사에게 피드백을 구하라.

2️⃣ 누군가 나에 대해 피드백을 줄 때 방어하지 말라. "언제, 그리고 어떻게 그걸 했는지 좀더 자세히 이야기해주세요" 이렇게 말한다.

3️⃣ 감정이 상한 경우 생각할 시간을 달라고 한다. 이성적인 태도로 더욱 정확한 설명을 요구한다.

4️⃣ 솔직한 피드백에 마음 상하지 말고 '선물'이라고 생각한다.

5️⃣ 피드백은 개선을 전제로 듣는다.

공주가
될 것인가?
무수리가
될 것인가?

　다들 작은 배낭 하나씩을 짊어졌다. 꽃구경도 할 겸 머리도 식힐 겸 팀 전체가 그렇게 높지 않은 산을 골라 좀 일찌감치 봄 산행에 나섰다. 다들 상기된 얼굴이었고 여기저기 핀 진달래와 봄꽃의 향연에 흠뻑 취한 듯 보였다. 날씨도 좋아서 처음에는 토요휴무일에 이런 일을 만든다고 입이 적잖이 나왔던 사람들도 다들 언제 그랬냐는 듯이 산에 오기를 잘했다고 싱글벙글이다.

　등산 후에는 산 아래 야영장에서 조촐하게 소풍 기분 내면서 약간 늦은 점심을 가볍게 만들어 먹고 헤어지기로 미리 이야기했기에 카레 같은 일품요리 위주로 조금씩 재료들을 준비했다. 곧 점심 준비가 시작되었고 여자들의 강권 반, 남자들의 자발적인 참여 반으로 남자들이 점심 준비를 시작하기에 이르렀다.

"P씨, 저쪽으로 가요. 우리가 할 거니깐."

"아니에요. 도와드릴게요."

P씨는 뭐 누가 하면 어떠냐고 웃으며 자리를 뜨지 않고 도왔다.

"그래, P씨. 이쪽으로 와~. 오늘은 남자들이 맡았어."

그때 저쪽에서 편히 다리를 펴고 이야기꽃을 피우던 여직원 네 명이 P씨를 불렀다.

"맞아, P선배님 요리 잘하시는 거 아는데요, 그건 누구라도 쉽게 할 수 있는 거니까 남자 분들께 맡기세요. 괜히 여기서 이렇게 쉬고 있는 후배가 영 가시방석이네요."

"아니, 그냥 좋아서 하는 거니까 편히들 쉬세요. 난 이게 더 편해."

P씨는 물러날 기세 없이 그대로 앉아서 감자도 깎고 양파 껍질도 벗겼다.

"암튼 P씨는 천사야. 우리야 해주면 고맙지."

팀장이 어설픈 손놀림으로 무엇을 어떻게 해야 할지 모르며 왔다 갔다 하다가 반긴다. 모여 있던 여직원들은 내버려두자 하는 얼굴이었지만 굳이 노는 사람들까지 불편하게 저래야 하나 하는 눈길을 가끔 주고받는 눈치다.

나중에 설거지는 여자들이 하기로 약속은 했었지만 결국 그것도 P씨가 거의 다 했다. 여직원들 중에 얍삽하게 그런 일을 피하려 드는 사람은 없었지만 그날은 적당히 시늉만 해도 P씨가 척척 알아서 다 했기 때문에 굳이 열심히 할 필요를 못 느꼈다. 다들 그냥 '천사 P씨는 우리의 봉이다' 하는 얼굴로 P씨에게 큰 칭찬을 하는 걸로 가볍게 자기들 인사를 대신했다.

가끔 어떤 여성들은 자신의 일뿐만 아니라 다른 사람의 일까지 챙기고 책임지려는 경향이 있다. '내가 하지 않으면 누가 할까' 하면서 소매를 걷어붙이는 것만큼 장시간 근무를 확실하게 떠안는 방법은 없다.

여성들이 줄지 않는 업무를 콩쥐가 일하듯이 하고 있을 때, 남성들은 '열심히' 경력을 쌓는다. 그들은 열심히만 하면 되는 줄 아는 바보가 아니기 때문이다. 승진은 어떤 성과를 이루어낸 데 따른 보상이다. 하지만 그렇다고 성과를 이루어내는 데 필요한 모든 것을 당신이 직접 해야 한다는 의미는 아니다.

세상에는 두 부류의 사람이 있다. 경력중시주의자와 업무완수주의자. 후자는 항상 일만 하느라 허덕인다. 경력중시자는 경력 관리에 대부분의 시간을 할애한다. 정말로 성공하고 싶다면 두 사람의 장점을 고루 취해야 한다. 무한대로 일하고, 의미 없는 일, 단순한 일을 반복하는 기계가 아니라 책임 있는 일, 가치 있는 일에 적극적으로 도전하자. 경력에 도움이 되지 않는 일, 영향력이 낮은 일을 자발적으로 맡아서 하는 일은 삼간다. 해야 하는 일이라면 맡아야겠지만 굳이 자발적일 필요는 없다.

평소에도 얄미운 누군가가 내게 부당하게 업무를 떠맡길 경우, 가만 있지 말고 당당하게 말하는 연습을 해야 한다. "도와주고 싶지만 나도 내 코가 석 자라 도와줄 수가 없네. 미안해." 그리고 더 이상 구구절절한 변명은 그만해라. 다른 사람의 문제를 해결해주고 싶은 천사표 마음이 살살 어깻죽지를 간질여도 참아야 한다. 그 사람의 문제는 그 사람에게 맡겨라. 그래도 아무 문제없다. 그래도 마음이 편치 않으면 자신에게 나직하게 이렇게 말한다. "내 이익만 챙긴다고 죄책감을 느낄 필요는 없어. 남에게 피해를 입힌 것이 아닌 이상!"

A c t i o n P o i n t +

남의 일이 내게 넘어오려고 할 때…

1 일을 맡길 수 있을 때는 과감히 맡기고 팔짱 껴라.

2 '난 어릴 때 곱게 자라서 말이지' 하는 공주유머로 못하는 것은 못한다고 말하라.

3 '저 잘했죠? 이거 하느라 진짜 힘들었어요' 이런 귀여운 공치사도 필요하다.

'넘치는 인간미'를 다이어트 하라

금요일이면 그 어떤 사람이라도 적당히 느긋해지고 편안해지는 시간이다. 하루만 잘 보내면 이틀간의 휴무가 있다. 그런데 L씨는 오늘이 꼭 월요일 같다. 출근하기가 더 싫고 불편하다. 어느 정도 마음이 가벼워도 좋을 출근길이지만 중요한 일의 마감을 앞둔 오늘은 몸도 마음도 무거울 대로 무겁다.

아니나 다를까 출근하자마자 마주치게 된 부장의 얼굴이 평소보다 더 어둡다.

"L대리, 내가 L대리 사람 좋은 건 알아. 근데 직장은 실적이 있어야 하고 뭔가 수치로 보여주지 않으면 안돼. 직장은 사교모임도 친목모임도 아니고 공동의 목표를 이루어야 하는 조직이니까 안 되면 조이고 채찍도 필요한 거야. 이렇게 L대리 것만 달랑 했다고 단가? L대리한테 언니, 언니 하는 사람들은 좋을 때만 언니고 책임져야 할 때는 그냥 'L대리님'인가? 이럴 때 뭐하고 있는 거야? 이건 L대리에게 더 책임이 크다고 봐. 언니라고 부를 거면 일이나 잘해서 이 언니 욕 좀 먹지 않게 하라고 한마디 따끔하게 하라구. 여기가 무슨 여학교도 아니고… 이거 이제 어쩔 거야? 오후 5시까지 무슨 수를 써서라도 다 해야 해. 알았지?"

부장에게 보고를 마치고 나오는 L씨의 얼굴이 잔뜩 어두워져 있다. 그때 어디서 나타났는지 J씨가 조르르 달려와 팔짱을 끼며 말했다.

"언니, 무슨 일 있어요? 부장님이 또 뭐래요? 암튼 우리 부장님은 가시야 가시. 사람을 한 번이라도 편하게 해준 적이 없어. 늘 '○○씨, ○○씨 내가 사람 좋은 거는 알아'로 시작하는 쪼이기는 정말 아무도 못 따라간다니까. 언니, 괜히 마음 상해하지 말아요. 어제 오늘 일도 아니잖아. 이따 점심 밖에서 먹어요. 알았죠?"

오후 5시라고 했지만 L씨는 오늘 야근을 해야 한다는 것을 안다. 어쩌면 내일 토요휴무도 반납해야 할지 모른다. 그런데 오늘 퇴근 후 가기로 한 H씨의 집들이가 신경 쓰인다. 부장은 눈 부릅뜨고 일하느라 퇴근을 안 할 것이고 H씨가 섭섭해할지도 모른다는 생각에 벌써 마음이 무겁다.

모 조사기관에서 직장인들을 대상으로 '업무상 가장 대하기 힘든 사람이 누구인가?'를 묻는 인터넷 설문조사를 했는데, 응답자 열 명 중 무려 여섯 명 이상이 '직장상사'를 꼽았다. 이어 고객, 부하직원, 직장동료 등의 차례였다. 동료 간의 갈등보다 상급자나 부하직원과의 갈등을 토로하는 경우가 훨씬 많았다. 이처럼 윗사람과의 갈등은 부서를 옮기거나 최악의 경우 직장을 그만두게 만들 정도로 큰 스트레스를 준다. 부하직원과의 갈등도 마찬가지다. 조직원을 장악하지 못하는 상사는 좋은 '업무 인간관계'를 기대하기는 힘들며, '아랫사람조차 잘 다루지 못한다'는 자기 비하로 자존심에 큰 상처를 입게 된다.

직장생활의 인간관계는 개인적인 인간관계와는 조금 달라야 한다. '업무상' 인간관계보다 '인간적인' 인간관계에 무게중심을 두지 말라는 말이다. 그러지 않으면 당신의 직장생활은 계속 힘들어질 것이다. 회사에서 이루어지는 인간관계는 업무를 중심으로 관계를 맺고 유지해야 하기 때문이다. 인간적인 교류도 좋지만 일단 서로의 일에 대해 간섭이나 비판, 못마땅함이 생겨나지 않게 일 자체에 대해 확실한 책임감을 가져야 한다. 부하직원들은 '상사에게 배운다'라는 생각으로, 고객을 상대로 해야 하는 현장에서는 '고객이 나에게 월급을 준다'는 생각으로 '너(You)' 위주의 인간관계에 더욱 귀를 기울여야 한다.

그런데 업무적인 인간관계에 신경을 쓰다 보면 퇴근 후에는 인간적인 인간관계에 노력을 기울여야 하지 않을까 하는 부담이 생길 수 있다. 하지만 퇴근 후가 사실 생각보다 실망스러운 경우가 더 많다. 직원 전체가 참석하는 '업무 연장' 의미의 술자리가 아니라면 그냥 만나서 수다나 떨고 술이나 한잔하는 시간은 무의미한 '소비'이기 쉽다.

이제 퇴근 후 일정에도 기준을 갖고 맺고 끊음을 분명하게 가를 필요가 있다. 모임도 꼭 가야 하는 곳을 찾으며, 간단하게 참석하고 오는 결단도 필요하다. 술자리는 1차에서 정리하는 습관을 들이자. 아무리 전날 어떤 술자리로든 그야말로 떡이 되었어도 다음날 아침에는 언제 그랬냐는 듯이 맑은 얼굴로 출근해야 하지 않을까. 이 정도는 되어야 자기관리가 잘 되는 사람으로 인정받는다. 마음이 하자는 대로, 몸이 하자는 대로 다 하다가는 곧 망가진다. 쓸데없는 사적 잡담으로 한두 시간을 보낸다고, 혹은 다함께 술 마시고 노느라 '망가진다'고 해서 사이가 더 좋아지는 것은 아니다. 아마 당신이 더 잘 알고 있을 것이다. 평소 인간관계를 잘 다지고 작은 성의를 다하자. 인간관계는 점심시간을 통해서도 얼마든지 좋게 만들 수 있다.

넘치는 인간미도 뭉텅 좀 잘라내고 얼굴도장을 찍기 위한 지나치게 바쁜 스케줄도 반으로 딱 잘라 줄인다면 새롭게 태어나는 것은 식은 죽 먹기다.

A c t i o n P o i n t + + + + + + + + + + + + + +

적절한 인간미를 보여줄 수 있는 방법

1 직장에서 주최하는 행사는 휴일행사든 회식이든 꼭 참석한다.

2 직원들의 경조사는 반드시 잘 챙겨야 한다. 이런 것은 남자들한테 배우자.

3 너무 자주 미안해하지 말고, 너무 책임지려 하지 말고, 너무 다른 사람들을 도우려 하지 말라. '너무'는 넘칠 정도의 양을 말하는 것이다. 아무리 많아도 적정량에서 3분의 2만 채우면 된다.

정치하는
여성이
아름답다

힐러리, 라이스, 메르켈, 박근혜, 한명숙 이런 여성들을 평범한 직장여성들은 어떻게 생각할까. 야합과 권모술수가 판치는 정치판에서 살아가는 '대단한 여성들'이라 생각하는 데서 그칠까. 정치라고는 한글로 '정치', 한자로 '政治'라고 쓸 줄밖에 모르는 나는 애초에 그 양반들과 '부류가 다른 사람'이니까 관심도 가질 필요가 없을까. 안됐지만 두 가지 태도 모두 유익하지 않다.

결론부터 말하자면 정치는 쓸데없는 것이 아니다. 정치는 정치집단에서 국회의원들이나 하는 거창한 것이 아니다. 좋든 싫든 조직 내에서도 정치가 있을 수밖에 없고, 따지고 보면 사람은 누구나 일상적으로 정치 활동을 한다. 가장 친한 친구 사이에서도 조언자가 필요할 수 있다. 운동 파트너, 고민 상담자, 쇼핑 도우미 등 다양한 역할을 해줄 사람이 필요한데, 누군가 내게 그런 역할을 해준다면 반대로 나도 상대가 필요로 하는 무엇인가를 해주고 싶어진다. '상대가 내게 필요한 것을 주고 있으니 나도 그에 맞는 무엇인가를 주어야 한다'는 식으로 겉으로 드러내놓고 말하지 않아도 암묵적으로 서로 무엇인가를 주고받는 관계가 형성된다. 이것이 정치다. 또 사랑하는 사람을 얻기 위해 쓰는 유혹의 기술도 일종의 정치다.

내가 무엇인가를 얻기 위해 다른 무엇인가를 주어야 하는 것, 이를 정치라고 할 때 사실 인간관계 속에서 정치의 그물을 완벽하게 빠져나갈 관계는 별로 없다고 봐도 좋다. '인생, 공짜가 없다'는 말은 결국 정치를 해야 한다는 말과도 통한다. 그런데 정치를 잘하기 위해선 평소 '있을 때 잘해야 한다.' 갑자기 내가 필요하다고 해서 그 사람과 관계를 만들어 나가기 시작하면 이미 늦다. 평상시에 늘 여러 분야의 사람들과 적절한 관계를 유지해야 하고 표현이 거슬릴지 모르지만 '관리해줘야 한다.'

정치 잘하는 여성들은 평소 조직의 의사결정권에 가까이 있는 사람을 잘 파악하여 그가 성과를 올리는 데 협력한다. 그의 움직임을 통해 자신의 파워를 높인다. 또 자신이 그를 돕고 있음을 은근하지만 정확히 알게 한다. 가령 당신이 누군가를 위해 어떤 수고를 할 때마다, 혹은 그들이 필요로 하는 것을 제공할 때마다 당신은 훗날 당신이 무엇인가를 필요로 할 때 요긴하게 사용할 수 있도록 일종의 저금을 하는 것이다. 그러자면 조직의 핵심

문제를 파악하는 것이 기본이다. 조직의 생존여부와 관련된 일, 영업실적과 매출에 관련된 일은 대단히 예민한 문제다. 항상 핵심문제를 알고, 언제든지 필요한 사람에게 도움을 줄 수 있다면 나의 힘은 막강해진다.

권력의 실세에게 내 힘을 보여줄 또 다른 방법은 적절한 기회에 자신의 네트워크를 표현해주는 것이다. 사내 비공식정보를 받는 네트워크부터 전문가 집단, 여성계, 언론계 등의 네트워크만 갖춰도 대단한 일이다. 인맥의 빈약함은 여성들이 정치력을 발휘하는 데 가장 큰 약점일 때가 많다. 따라서 이러한 네트워크를 보유하는 것은 안팎으로 보이지 않는 보호막을 갖는 것과도 같다.

정치를 당신과 먼 일이라고 생각할 때 당신은 게임을 하지 않는 것이고, 게임을 하지 않으면 영원히 이길 기회도 없다. 나같이 '순수한 영혼은 정치 같은 거 모른다'고 한 발 물러서는 게 진정 순수한 것이 아니다. 겁쟁이에 소녀같은 미성숙성을 드러내는 것일 뿐이거나 생각지도 않게 '돌아앉아 호박씨 까는 사람'으로 오해받기 쉬울 뿐이다.

정치는 그 자체가 더러운 것이 아니라 룰을 지키지 않았을 때 더러워지는 것이다. 예를 들면, 성적 규범을 지키는 것은 우리 사회가 원하고 있는 기본 룰이기 때문에 이 규칙을 위반하면 치명적인 결과를 낳을 수 있다. 다만 규칙에 너무 얽매이면 움직일 수 있는 폭이 작아진다. 룰을 지키면서도 용인될 수 있는 선에서 파격과 변화를 만들어가야 한다. 그러면 정치가 재미있어진다. 하면 할수록 실력이 팍팍 업그레이드되는 것을 스스로 느낄 것이다.

당당하고, 자신감 있고, 간결하고, 유쾌하게 행동하자. 정치 잘하는 여성들이 주로 취하는 코드다. 말투, 자세, 옷차림, 유머, 자아상, 정체성 등을 잘 정리하여 스스로 자신을 사랑하고 존중하는 태도를 가져라. 이런 자세가 어떤 직급이나 직위에서든 당신의 권력감성과 정치력이 비례하며 성장하도록 도와줄 것이다.

A c t i o n P o i n t + + + + + + + + + + + + +
+ + + + + + + + + + + + + + + + + + + +

정치적 감각을 기르는 법

1 정치의 기본은 무엇인가를 주고 다른 무엇인가를 얻는 것이다. 그러나 그냥 주지 말라. 당신이 무엇을 원하는지 생각해두고 저금해둔 그것을 제대로 꺼내 써야 한다.

2 정치는 끊임없는 선택이다. 조금 더 작은 것, 조금 더 덜 중요한 것을 끊임없이 포기함으로써 장기적으로 더 큰 것을 얻는 것이다. 사사로운 것에 목숨 걸지 말고 의외로 큰 것을 내놓아야 할 때도 있음을 잊지 말자.

3 정치적인 문제에 골 아파하지 말고 민감하게 안테나를 세우는 일에 주저하지 말자.

얄밉게
기어오르는
후배 길들이기

　회사 다닐 맛 안 나는 사람 많다. 예전에는 상사한테 받는 스트레스만 풀면 그만이었는데, 이젠 위아래로 치인다. 당돌하기 짝이 없고, 개성 강한 후배들 때문이다. 눈치 볼 것 없이 6시면 칼퇴근이고, 무슨 수당에 휴가에 요구는 왜 이리 많은지…. 일 좀 잘한다 싶으면 금방 기고만장이고, 윗사람 무시하는 것은 일도 아니다. 무능한데 배짱만 키운 후배들은 더 가관이다. '잘나신 후배님'들만 생각하면 속이 뒤집힌다. 본인도 초년병 때 싹수없는 후배로 꼽혔다지만 날로 진화되는 놀라운 후배들에게는 두 손, 두 발 다 들었다. 퇴근 후 밥이라도 함께 먹자면 "싫다"는 대답이 돌아오기 일쑤고, 야근의 '야' 자만 나와도 입이 먼저 튀어나오고 인상부터 찌푸리는

데 비굴하게 후배 비위 맞추는 데도 질렸다.

'후배 시집살이'를 어떻게 타개해야 할까. 코드 접속이 안 되는 신세대들이 어느덧 직장 후배로 자리를 차지하고 앉아 있다. 시대도 바뀌었다. 연공서열에 따라 자연스레 묻어가던 때는 지났다. 상하가 서로 평가하는 '다면평가제'가 도입되는 곳이 많아지면서 후배·제자를 잘 다루는 게 성공의 관건이 됐다.

선배에게 가장 스트레스를 많이 주는 후배는, 싫지만 인정할 수밖에 없는 '나보다 잘난 후배'다. 업무적으로는 문제가 없지만 선배를 대하는 태도가 건방진 경우다. 스스로 완벽하게 통제하고 노력하는 이들은 업무에 대한 책임감이 강하고 욕먹을 짓을 하지 않지만, 대인관계에 흠이 있는 경우가 많다. 대개 상사나 선배의 기분과는 상관없이 입바른 말을 잘하고 하찮은 실수도 용납하지 않는다.

이런 후배와 경쟁해서는 안 된다. 그가 후배라는 것을 스스로 인식하도록 만들어라. 후배 앞에서 당당하게 행동하라. 괜히 스트레스받을 필요 없다. 그가 아무리 일을 잘하고 인정받는 후배라도 당신이 멋진 모습을 보여준다면 당신을 존경할 것이다. 업무적으로 정말 흠잡을 데 없이 탁월하다면 심리적으로라도 멋진 선배의 아량을 보여주는 것이 효과적이다. 그런데 사실 이런 후배는 내 단점에 대해서도 올바른 지적을 해주기 때문에 결과적으로 나에게 득이 된다. 감정적으로 대응하지도 경계하지도 않는 게 낫다.

후배가 죽어도 선배 대접을 안 하려 들 때는 딱 선을 긋고 공적으로만 대한다. 사적인 농담이나 공감대를 이룰 만한 이야기를 절대로 안 하는 것이다. 여긴 엄연히 사회고 이곳에서 나는 당신의 윗사람이라는 사실을 계속 확인시킨다. 업무보고 라인에 의한 철저한 커뮤니케이션을 하는 것이다.

혹은 다른 선배를 무시하는 모습을 보일 때를 기회로 삼는다. 마치 후배를 걱정해서 조언해주는 것처럼 "우리 회사는 선배에 대한 호칭이 까다로운 편이거든"이라며 은근슬쩍 회사 핑계를 대며 사무적으로 말한다. 원칙이라는 말처럼 위압적인 단어도 없다. 그러나 행동은 권위 있게 하되, 하고 싶은 말은 최대한 예의를 갖추어야 반발심을 막을 수 있다.

간혹 남자선배 말만 듣는 남자후배가 있는데, 이럴 땐 내가 실제 원하는 것보다 무리한 일을 후배에게 요구해본다. 그러면 조금 시도해보다가 분명히 못한다고 고백할 것이다. 그러면 내가 진짜 원하는 것을 그때서야 말해준다. 상사에게 한 번은 거절할 수 있으나 두 번 거절하는 것은 어렵기 때문에 순순히 말을 듣는 게 보통이다. 기선 제압을 하고 길을 들이는 것이 포인트다. 하지만 이런 것이 부작용을 낳을까 걱정된다면 남자의 강함과 반대되는 여성의 부드러움을 발휘하는 방법도 있다. 항상 부드러운 미소로 대하고 힘들 때 챙겨주는 모습을 보여주며, 여자이기 때문에 잘할 수 있는 모습으로 어필해 의지하고 싶은 선배가 되자.

먼저 즐거운 선배가 되는 것도 한 방법이다. 칼퇴근 시켜주는 선배가 되라. 실적 나쁘다 붙잡지 말고, 실적 좋으면 칼퇴근 시킨다고 유도한다. '안 되는 걸 되게 하라' 식의 무모한 지시형은 후배들이 꼽는 왕따 1순위이자 무능력한 선배의 표상이다. 계속되는 불평불만에 근무 효율이 더 떨어지니 조금씩 목표치를 올려라. 거기에 무능력하고, 엉성한 일처리로 상사를 곤경에 빠트리는 후배에게는 호된 지적을 아끼지 말아야 한다. 가열찬 공격을 막아내느냐, 나가떨어지느냐는 부하직원이 감내해야 할 운명이다.

하지만 내 성격을 바꾸기 힘들 듯 후배 성격도 바뀌지 않는다. 대신 아첨하는 부하직원은 더욱 업무적으로 대한다. 몇 번 받아주면 그 직원은 모든 일을 아첨하듯 실실 웃으며 넘길 것이다. 매번 지각하고, 변명하며, 할 일 없이 야근하는 고질병 환자들에게는 "늦는 건 자유지만, 자기관리가 엉망인 널 믿을 수 없다"고 따끔하게 지적하는 것이 효과적이다.

예의 없는 행동을 할 때에는 뒤에서 욕하는 대신 앞에서 '화끈'하게 받아쳐라. 이게 트렌드다. "왜 저한테만 그러세요? 가뜩이나 바빠 죽겠는데"라며 대드는 후배들. 위아래 몰라보는 그들과 소비적인 기싸움은 하지 말고 한 방에 처리하자. 독대해서 따끔하게 혼내는 것이다. 그후 눈치 보는 후배를 내내 좀 내버려두었다가 어느 날 느닷없는 칭찬을 하자. 칭찬은 작고 구체적인 것일수록 감동을 준다. "감각 있네"보다 "오늘은 스카프가 진짜 베스트드레서 만들어주네. 어떻게 맨 거야? 정말 세련되고 보기 좋네." 이런 식이다. 칭찬은 고래도 춤추게 하고, 얄미운 후배도 잠재운다.

꼬박꼬박 말대꾸하는 후배 대처법

1 구체적으로 지적한다

직설적으로 그때그때 구체적으로 잘못을 지적한다.

2 사태의 심각성을 알린다

그 자리에서 말하기보다 단호하고 담담한 어조로 메일을 보낸다. 우리 둘의 감정 문제가
아니라는, 회사 분위기 차원에서 조심해달라는 정도의 강도가 효과적이다.

3 내 편인 상사와 의논한다

하극상을 좋아하는 상사는 없으므로 은근히 속상하다는 듯이 푸념한다.

라이벌은
친구로
만들어라

　우리나라 직장인의 절반은 직장 내에 라이벌 의식을 가지고 경쟁하는 동료나 상사가 있다는 조사 결과가 나왔다. 이들이 라이벌로 삼고 있는 상대로는 동기가 가장 많았고 상사, 부하직원 등의 순이었다. 라이벌 의식이 느껴지는 때는 '상대방이 업무 성과를 인정받을 때'라는 응답이 가장 많았고, '상대에 대한 전반적인 평가가 좋을 때' '항상 느낀다' '상대가 승진했을 때' 등의 순이었다.

　그런데 이 라이벌 의식이 지나쳐 여러 사람 피곤하게 하는 사람들이 종종 있다. 특히 좋은 학교를 졸업하고 입사 성적도 우수한 '1등 중독자' 가운데 라이벌 의식을 가진 사람이 많다. 한 번도 시험에 떨어져보거나 져본

적이 없는 이들은 사회생활도 하나의 '경쟁'으로 인식한다. 꼭 이겨야만 사회에서 도태되지 않는다고 생각하니 '인생 그렇게 살지 말라'고 할 수도 없고 답답하다. 거기다 상사까지 좋아서 맞장구다. 치열한 전투의식을 가진 직원이 사무실 전체에 긍정적인 역할을 한다고 여긴다.

이런 동료의 경우, 일단 그가 활보하도록 내버려둔다. 관찰 기간을 갖는 것이다. 그리고 내가 그보다 낫다는 것을 보여줄 기회를 찾아야 한다. 어떤 일이 동시에 주어졌을 때가 기회다. 그 사람보다 내가 더 실력이 있음을 보여줄 기회를 찾아야 한다.

적과 친구가 되는 것도 좋은 방법이다. 오히려 친해져서 나에 대한 그녀의 경쟁심을 조금은 누그러 뜨리도록 한다. '이렇게 경쟁할 필요가 있니?' 하면서 식사도 같이 하고 술도 같이 마시면서 술렁술렁 편하게 대한다. 모닝커피시간, 점심시간, 야근시간 등 휴식시간을 활용하여 당신이 그의 '적'이 아니라는 사실을 인지시켜야 불필요하게 경쟁하는 것을 막을 수 있다.

경쟁심이 지나친 사람은 대개 자신의 존재 가치를 '승리'로 입증하는 경우가 많다. 그가 매사 이기지 않아도 충분히 능력 있는 사원이며, 필요한 존재라는 것을 틈틈이 인지시키는 방법도 있다. 그의 친구가 되어주는 것이다. 매번 일부러 져준다. 아무 노력도 들이지 않고 무심하게, 그래서 싱겁게 이기도록 한다. 처음에는 몇 번 열이 올랐다가 그것이 되풀이되면 더 이상 경쟁하려 들지 않을 것이다. 이번에도 손쉽고 재미없게 이길 것이 분명하기 때문이다.

그러나 도저히 나도 가만있기 힘들다면 한번쯤은 실력행사(?)를 해준다. 라이벌은 실력으로 이기는 것이 정석이겠지만 실력만으로 승부하기에 능력이 달린다면? 더군다나 몇 살 차이도 안 나는 선배라면 방법이 조금 비열하거나 치사해질 수도 있다. 슬슬 약 올리는 방법이다. 걱정하는 것처럼 말하면서 비아냥거림이 약간 깔려 있어야 한다.

"선배, 나도 선배처럼 살아야 하는 거죠? 선배처럼 살아야 하는 거라면 직업을 잘못 선택했나 봐요. 선배, 너무 피곤해 보여요. 옆에서 보기 안쓰러울 정도예요. 나도 그렇게 될까봐 걱정되고요."

라이벌은 헷갈린다. '이거 병 주는 거야? 약 주는 거야?' 하지만 결정적인 꼬리가 잡히지 않으니 도리가 없다.

라이벌은 주변에서 만들어주는 경우도 있다. 나는 가만히 있는데 비슷한 실력과 능력, 환경을 가진 나와 또 다른 사람을 비교하며 라이벌로 자꾸 붙여주려할 때 난감하다. 하지만 자신이 어떻게 하느냐에 따라 라이벌이 되지 않을 수도 있다. 전통가요의 여왕 '이미자'에게 또 다른 한국 가요계의 거목 패티김을 라이벌이라고 생각해본 적이 없냐는 인터뷰를 했다. 이미자는 서로 다른 팬들의 가슴을 울렸기 때문에 분명히 라이벌이 아니라고 말했다.

"패티김은 내가 불렀던 노래와 차원이 다른 장르의 음악을 했던 사람이라 전혀 라이벌 의식을 느끼지 않았어요. 말하자면 패티김은, '인텔리' 팬들이 많았고, 나는 서민층들의 사랑을 받았으니까요."

세계 피겨스케이팅계의 여왕인 김연아는 모두가 라이벌이라고 생각하는 일본의 아사다 마오 선수를 자신에게 자극과 도움이 되는 친구라고 말했다. 라이벌을 긍정적으로 해석하고 이용하여 자신을 성장시키는 경우다. 우리도 라이벌을 자신을 성장시키는 좋은 바이러스로 만들어보자.

여자의 적은 여자가 아니다

　직장에서 '여성의 적은 여성'이라는 말은 좀처럼 옛말이 되지 않는다. 남자동료는 어떤 '짓'을 해도 농담으로 흘리면서 같은 여성동료의 문제라면 말끝마다 비아냥거리고 질투하는 경우가 적지 않다. 특히 직장여성 사이에서 갈등이 불거지기 쉬운 관계가 바로 대졸과 고졸 여성 사이이다. 불만이 폭발 직전으로 끓어오르는 쪽은 으레 고졸 여성이기 쉬운데, 그들을 대하는 대졸 여성동료의 질시와 무시, 함부로 대하는 듯한 태도가 주로 원성을 산다. 그러한 상황을 현실성 있게 그려냈던 드라마가 지난 2005년에 방영된 〈신입사원〉이었다. 꽤 오래 전에 입사한 대기업 고졸 직장여성인 '미옥'에게, 갓 입사한 대졸 여성인 '현아'가 우월의식을 아무 때나 드러내면서 대놓고 무시하거나 차 대접, 복사 업무 등 여러 가지 자질구레한 일들을 불쾌하게 머슴 부리듯 시키는 장면은 약간 과장되었다고 해도 실제 존재하는 상황이라는 점에서 많은 직장여성들의 공감을 샀다.

능력이 있어도 고졸 여성들은 단순한 업무를 맡는 것이 아직은 현실이다. 이렇다 보니 호칭만 사규대로 부를 뿐, 학력이 낮고, 어리고, 직위가 낮다는 이유로 어느 순간 은근히 반말 비슷하게 하대하며 맞먹으려 들거나 아예 대놓고 무시하듯 말하는 사람도 적지 않다. 하지만 한 자리를 지키면서 오래 근무해온 고졸 여자동료들이 어떤 업무를 해온 사람인가를 생각한다면 그에 걸맞은 대우를 해야 한다.

내가 밖에서 활동하다가 급하게 협의된 내용이 있어 바로 공문이 필요하거나 자료가 필요할 때 즉시 내 컴퓨터를 열고 전송해줄 준비가 되어 있는 동료, 내 마감을 해주느라 늦게까지 일하고 오류를 잡아내어 처리해주는 동료일 수 있다. 자기보다 나은 대학 나온 여직원에게는 공손하게 존대하면서도, 소위 가방끈이 더 짧다는 이유로 고참 여직원을 시시하게 생각하는 마음도 달라져야 한다. 직업에 귀천이 없듯이 직위나 보직에도 귀천이 없는 것이다. 다만 먼저 입사했거나 조금 더 공부한 것에 대하여 보상을 받는 것뿐이라는 열린 자세가 필요하다.

자기보다 먼저 입사해서 회사 사정에 밝고, 정확한 업무 내용과, 전체 직원들의 업무 스타일, 장단점을 꿰뚫고 있는 고졸 여직원이 있다면 기꺼이 배우고자 해야 한다. 회사의 업무에 대하여 그 여직원들보다 더 흐름과 내용을 잘 알고 있는 사원은 드물다. 밥을 사주면서라도 감사히 배워야 한다. 그들은 주문출하 영업뿐만 아니라 회계와 재무 심지어 직원들 급여까지 훤하게 알고 있고, 책정된 보너스 내역과 지급일, 당신의 업무에서 무엇이 가장 시급하며, 현재 부족한 부분이 무엇인지 당신보다 더 잘 알고, 결정적으로 당신이 승진을 할지 못할지까지 훤히 꿰뚫는 눈을 갖고 있다는 것을 알아야 한다.

반대로 고졸 직장여성은 대졸 동료들에게 자신도 모르는 피해의식을 갖는 경우가 있다. 실제 대졸 동료가 일부러 의도된 나쁜 감정을 갖지 않았는데도, 자꾸 자기 스스로 '저 사람이 날 무시한다' '주는 것 없이 밉다' '대학 나왔으면 다 인가?' 라면서 피해의식으로 사람을 대할 경우, 그런 감정이 없는 상대방에게 애써 적을 만드는 모습으로 비칠 수 있다.

당신이 고졸 직장여성이라면 우선 자신에 대해 위축되지 않는 자세가 필요하다. 직장생활은 좋은 학력만으로 되는 것이 아니다. 대졸 출신자인 동료보다 더 나은 업무능력으로 회사나 상사에게 인정받고 있어서 질투하는 동료가 있다면, 그건 그냥 내버려둔다. 당신이 어떻게 할 수 있는 일이 아니기 때문이다. 적당히 눈감자.

많은 부분 군대문화의 소산이겠지만, 남자는 누군가를 만나면 일단 촌수와 서열부터 정리한다. 형, 선배, 교수님에게는 비굴할 정도로 깍듯하지만 후배는 일단 마구 '굴리는' 게 보통이다. 그다지 화가 안 났는데도 욕을 서슴지 않는가 하면, 자기 일까지 떠맡기는 뻔뻔함을 보일 때도 있다. 그러나 남자들은 결정적인 순간에는 '친동생'처럼 감싸고 보듬는다. 남자들의 선후배, 동료 관계가 오래 지속되는 이유다. 남자들은 일단 '우리 편'이라는 울타리에 들어온 사람과 물질을 공유하는 것을 아주 당연하게 생각한다. 그쯤되면 대학졸업자든 고교졸업자든 따지는 일이 우습다.

'여자의 적은 여자다'라는 말을 이제 수치로 여기고 여자끼리 서로 동지가 되려는 마음가짐이 필요하다. '학력' 차이가 곧 능력과 수준 차이라는 등식을 만들어버리는 성급함과 편견을 버려야 협력자로서 동료의 도움을 받을 수 있다. 분명히 동지적인 연대감을 가질 수 있는데도 우리는 오랜 세월 그렇게 적으로서 동성을 바라봐야 했다. 이제라도 생각을 바꾸지 않으면 사는 일이 나날이 전쟁이고 피곤해진다. 내 옆의 여성을 동지로 생각해야 할지 적으로 생각해야 할지에 따라 일터의 풍경이 달라진다. 여자들이 건강하게 연대하는 조직은 여자들이 편히 잘 살 수 있는 시스템을 빨리 가져오기 때문이다.

내 옆 자리의 동료에게 도움줄 일을 찾자. 먼저 해줄 수 있는 일을 찾자. 칭찬하고 격려할 말을 찾자.

부탁을 거절해도 욕먹지 않는다

평소엔 그렇게 살갑지도 않고 잘 웃지도 않던 B선배가 미소를 띠고 슬슬 이쪽으로 걸어오고 있었다. D씨는 고개를 돌리고 눈을 질끈 감았다. '이번만큼은' 하고 스스로 결심을 흐트리지 않겠다고 다짐한다.

"D씨이~ 우리 회사에서 이거 D씨가 전문가라고 하던데, 이 분야 자료 좀 부탁하면 안 될까?"

콧소리까지 섞어가며 말하는 선배의 얼굴을 처음에는 바로 쳐다보지도 못했으나 D씨는 용기를 내서 선배와 눈을 마주쳤다. 그랬더니 선배는 다시 승낙을 기정사실화하는 말로 못을 박는다.

"응? 당근 해준다구? 정말? 고마워, D씨~."

D씨는 다시 곧바로 자신의 실패를 직감했다. 도저히 저런 기대에 찬 얼굴에 실망의 찬물을 끼얹을 수 없다는 생각이 들었다. 정말 매번 저런 얼굴로 무엇인가를 부탁해오는 B선배가 얄밉게도 느껴졌지만 도저히 거절할 수가 없었다.

"오늘 퇴근 전까지 되지, D씨? 바쁠 텐데 미안~ 내가 한턱 쏠게."

B선배는 지난번에도 이 같은 선심성 멘트를 날린 적이 있다. 그런데 먼저 쏘겠다던 그 한턱은 아직도 감감 무소식이다.

D씨는 퇴근 전까지 열심히 부탁받은 선배의 숙제를 하느라 바쁘다. 그때 팀장님의 호출이 이어진다.

"D씨, 저번에 이야기한 기획서 다 되었으면 오늘 좀 보여주세요."

D씨는 얼굴이 화끈거렸다.

"예… 부장님. 내일쯤, 보여드리면 안 될까요? 제가 요즘…."

"D씬 저번에 미리 마감일을 알려줘도 그러더니, 뭐든 말 꺼내기 하루쯤 전에 미리미리 해서 보여주면 안 됩니까?"

D씨는 얼굴을 들 수 없었다. 내가 이렇게 싫은 소리 듣자고 남에게 싫은 소리 못 한 거 아닌데, 싶은 생각에 쥐구멍에라도 들어가고 싶었다.

남에게 잘하고도 황당한 일을 당하는 사람은 D씨뿐만이 아니다. 아나운서 이금희는 후덕하고, 넉넉하고, 사람 좋아 보이는 인상으로 맏며느릿감 1순위로 꼽히는 방송인이다. 그런데 능력 있고 인간성도 좋아 보이는 그녀도 남자친구에게 차인 적이 있었다는데, 그녀가 말하는 딱지 맞은 이유는 '너무 잘해줘서' 였던 것 같다는 것이다. 잘해주면 좋은 거지 그것이 무슨 딱지의 이유가 되느냐는 사람들도 있겠지만 현실은 다르다. '밀고 당기는 기술' 이 연애의 중요한 요소이기 때문이다. 일방적으로 헌신하고 이해해주는 상대가 처음엔 호감으로 다가오고 고마운 마음이 들다가도, 좀더 지나면 그게 당연한 대접인 것처럼 생각되다가, 이내 곧 밋밋해서 재미없고, 그러다가 지겨워지는 게 사람 마음이다.

이는 사실 남녀관계에만 해당되는 말이 아니다. 거의 모든 사회생활 속의 인간관계에서도 일방적인 관계는 오래가지 못한다. 무조건 남의 말을 다 들어주고, 거절 못하고, 싫은 소리 못하는 천사표 직장인은 처음엔 '천사표' 일지 모르지만, 곧 뒤에선 '바보표' 로 만만하게 보일 소지가 아주 농후하다. 오래지 않아 만만하게 보일 대상 1호라는 의미를 가진다. 착하지 않고, 친절하지 않고, 딱 잘라 거절할 줄 안다고 해서 '악녀표' 가 되지는 않는다. 겸손도 지나치면 병이다. 상대에 대한 배려가 지나쳐서 자기가 불리해지는 것도 마다하지 않는 이타적인 마음은 언제 봐도 감동적이지만 사회에서는 이런 착한 마음이 정글의 법칙에 따라 얼마든지 이용당할 수 있다는 것을 잊지 말아야 한다.

부탁받는 순간에는 승낙하는 것이 속편할지 모르지만, 자신의 처지를 잠시 잊고 덜컥 약속했다가 뒷감당을 하지 못하면 어찌할까. 거절하면 다음에 도와줄 수 있지만, 부탁한 일을 제대로 못하면 신용을 잃기 쉽다. 먼저 자신의 능력과 시간을 고려한 후 무리가 된다면 단호하게 거절하자. 부탁을 거절했다고 그것을 요청한 사람 자체를 부정하는 것은 결코 아니다. 거절하는 것을 두려워하는 여성들은 제발 이 점을 뼛속 깊이 새기자. 각각 사안별로 나누어 생각하는 버릇을 들이면 한결 쉽다. 단순히 요구를 거절하는 것일 뿐 그 사람에 대한 배신과는 별개의 문제다. 이것을 자꾸 잊으면 거절이 점점 어려워진다.

우선 부탁하는 사람의 성격을 잘 파악하고 효과적인 거절 방법을 찾아야 한다. 상처를 잘 받거나 소심한 사람, 자존심이 강한 사람에게는 거절할 수밖에 없는 상황을 잘 설명하고 미안한 마음을 충분히 설명하는 세심한 배려가 필요하다. 반면 직선적인 성격의 사람에게는 대답을 미루거나 애매하게 표현하는 것보다는 딱 잘라서 거절 의사를 확실하게 전달하는 것이 좋다. 이런 사람은 성격답게 잠시 실망을 했다가도 오래 마음에 담아두지 않는 편이다.

거절에서 가장 중요한 것은 바로 부탁한 사람과 나의 관계다. 친구와 직장동료처럼 관계를 지속해야 하는 가까운 사이일수록 당장 거절하는 행동은 피해야 한다. 일단 시간을 두고 고민하고, 그래도 거절해야 한다면 부드럽게 거절한다. 하지만 한 번 보고 끝날 사이라면 얼버무리면서 틈을 보이지 말고 처음부터 딱 자르는 게 서로에게 좋다. 싫은 소리 하기 싫다고 둘러대면 결국 상대에게 두 번 상처를 주는 것이기 때문이다.

부탁할 때는 이런 점을 살펴라

1 부탁을 하려고 할 땐 상대방의 형편을 살펴라. 업무에 약간 공백이 있는지, 중요한 업무가 있지만 시간을 내줄 수 있을지, 또 평소 부탁을 하면 어떻게 반응하는 사람인지 꼼꼼히 따져보고 알아본 후에 한다.

2 주의 깊게 살피고 부탁했는데도 상대가 완곡하게 거절할 경우, 그 사람에게도 피치 못할 사정이 있을 것을 짐작하여 서운하게 생각하지 말고 관계를 불편하게 만들지 말자.

3 부탁이 받아들여졌을 땐 일단 내 손을 떠난 문제다. 자꾸 옆에서 간섭하고, 주의사항을 일러주고, 작고 사소한 것이지만 여러 차례 추가적인 부탁을 하는 일은 삼가라. 부탁받은 사람을 짜증나게 한다. 꼭 필요한 사항이라면 처음부터 생각해서 간결하게 전달하고 고마움을 표현하자.

소문의
칼바람은
정면돌파하라

세상 일은 모든 사람이 나 같지 않다는 데서 문제가 일어난다. 나는 그렇지 않는데 왜 그 사람은 그럴까. 나는 정말 선의의 경쟁을 하고 싶은데 그는 왜 내 뒤통수를 후려치는 걸까. "나는 정말 잘 지내고 싶어"라고 그녀에게 그렇게 진심으로 잘했건만 그녀는 왜 그런 내 마음을 모르고 계속 엇나갈까.

정말 이런 사람 때문에 어려움을 겪는 직장인은 생각보다 많다. 잘한다고 열심히 하는데 나만 이상하게 쉽게 올가미에 걸리고 진창에 빠진다. 나도 '눈에는 눈, 이에는 이' 똑같이 되갚아 줘? 이런 생각도 해보지만 그래봤자 나도 똑같은 사람이 되는 일일뿐더러 사실 자신이 없다. 그래도 생각할수록 억울하고 새록새록 분한 마음이 드는 건 어쩔 수 없다.

어느 직장이든 여우들이 있다. 소문도 빠르고 정보도 빠르고 그래서 남들보다 어떤 전략이나 계략에서도 한 발 앞서간다. 하지만 워낙 수단과 방법을 가리지 않는 스타일이기 때문에 뒤에서 공격하기를 즐겨하는 특징이 있다. 여우들의 전공 분야(?)는 라이벌의 안 좋은 소문 퍼뜨리기, 온갖 연극적 장치를 총동원하여 일을 꾸미고 극적인 상황에서 라이벌을 아주 '몹쓸 인간'으로 만들기, 남들 앞에선 라이벌을 아주 걱정해주고 배려해주는 척하기 등이다.

이런 여우들은 특히 뒤에서 공격하기를 즐긴다. 무역회사에 다니는 K씨는 동료의 계략 때문에 해외 연수를 놓친 경험이 있다. K씨는 한때 동료에게 대학원에 진학하고 싶다는 이야기를 한 적이 있었는데, 과장님이 해외 연수자로 K씨를 추천할까 한다는 정보를 입수하고는, "어머, K씨는 곧 회사 그만두고 대학원 간다는 소문이 있던데요"라고 말했다는 것이다. 때문에 K씨는 느닷없이 과장에게 '대학원보다 회사가 좋은 점'에 대해 톡톡히 설교를 들어야만 했다. K씨는 화가 나서 그 동료에게 따졌지만 정말 그런 줄 알았다면서 순진한 척하는 것이 아닌가.

그런 사람이 있다. 평소 사람들한테 무뚝뚝하고, 불친절하며, 틱틱거리기 일쑤고, 누군가 뭔가 부탁할라치면 딴청 피우기 선수이며 남한테 양보하거나 밑지는 법이 절대 없다. 회사 내 남자동료로부터 "어느 놈이 데려갈지 참 걱정 된다"는 뒷담화를 듣는 인물이다. 이런 불리한 성격이나 행동은 그의 본심과는 무관하게 소문만으로도 남들에게 오해를 불러올 수 있다. 평소 다른 사람들에게 친절하고 예의 바르고 남을 배려하면서 신뢰를 한 몸에 받는 인물이라면 나쁜 소문이 크게 먹혀들지 않을 수도 있다. 루머에 휘말리지 않으려면 평소 유비무환의 정신으로 준비할 일이 있다. 미리미리 자신의 좋은 평판을 착착 쌓아놓는 것이다. 밉살스럽게 구는 동료가 나를 곤경에 빠뜨리려고 한다면 남들이 그 소문을 믿기보다는 먼저 나에게 그 사실을 확인하게 만드는 것이다. '그 사람은 그럴 사람 아니다'라고 나를 먼저 믿게 만드는 것. 소문으로 맞서는 일보다 훨씬 상쾌하고 쌈박한 복수이다.

그리고 자신이 스스로 소문을 역으로 이용하는 방법도 나쁘지 않다. 소문을 이용하는 것은 얄밉기는 하지만 똑똑한 방법이다. 남을 음해하는 대신 자신의 성과나 장점이 은근히 소문나도록 하는 것이라면 그다지 비난받을 방법은 아니다. 다른 사람이 잘 몰랐던 나의 좋은 점을 알려줌으로써 그들이 정말 그런 부분을 스스로 느껴보도록 하는 방법이다.

그러나 평소 평판 쌓기에 다소 무심했던 당신이, 자신을 좋지 않게 말하는 곤란한 이야기를 들었거나 노골적으로 자신을 비하하는 발언을 들었다면 어떻게 하는게 좋을까? 물론 모든 것에는 의외성과 돌발성이 있지만, 어떤 상황이든 결정을 내리기 위해서는 기준이 있어야 하고, 모의실험을 통해 벌어질 수 있는 그 모든 가능성을 충분히 열어두지 않으면 안 된다. 문제가 발생한 후에 그 기준을 정하고 적용하기까지는 너무 많은 시간이 걸리기 때문이다. 사전에 자신만의 기준을 가지고 있어야 순발력 있게 대처할 수 있다.

소문이 눈덩이처럼 불어나는 긴급 돌발상황에 현명하게 대처하는 데 가장 중요한 행동 포인트는 오버하지 않는 것이다. 루머가 돌기 시작하고 소문이 걷잡을 수 없이 퍼져도 정작 본인의 귀에 들어오는 것은 알 사람은 다 알고 난 이후다. 당황한 마음에 이 사람 저 사람 붙잡고 얘기하다가는 불씨를 키우는 꼴밖에는 되지 않는다.

의연하자. 그러냐고 살짝 웃으며 받아넘기자. 얌체 같은 동료가 루머에 대해 비꼬듯이 얘기해도 살짝 미소 지으며 받아넘기고, 의연한 척해야 사람들의 궁금증이 수그러든다. 시간이 지나면 자연히 잊혀질 일이다. 이후 신뢰감 있는 행동으로 동료들에게 믿음을 주자.

그리고 평소 상사를 내 편으로 만들어서 술렁이는 소문의 물결을 감지하는 즉시 상사에게 면담을 요청한다. "이미 들으셨겠지만 말도 안 되는 그 소문의 주인공은 제가 아닙니다. 다른 사람은 몰라도 부장님만은 저를 믿어주셨으면 좋겠어요." 이때는 망설이지 말고 반드시 당당하게 말해야 효과가 있다. 흥분할 만한 상황에서 차분하게 결백을 주장하는 모습은 잠시나마 루머에 솔깃했던 상사의 마음을 제자리로 돌려놓기에 충분하다.

또 루머가 퍼져 있다고 해서 일부러 동료들과의 자리를 피할 생각은 말자. 의기소침한 모습은 그들에게 더 좋은 빌미를 줄 뿐이다. 평소처럼, 혹은 더 적극적으로 대화에 참여하자. 혹시라도 루머에 관련한 이야기가 나온다면 자연스럽게 아니라고 하거나 차분히 넘어가자. 자연히 다른 화제로 즐겁게 얘기하다 보면 루머는 그다지 중요치 않게 될 것이다.

절대로 함정에 빠지지 않는 사람은…

1 평소 좋은 평판을 착실히 쌓는다.

2 누군가 다른 사람을 흉 볼 때 맞장구치지 않는다. 그날 나온 험담을 몽땅 당신이 한 것으로 뒤집어 쓸 수 있다. '그럴 수 있겠네' '너무 속상해하지 마' 정도에서 멈춘다.

3 루머를 퍼트린다고 생각되는 사람을 모함하지 않는다. 또 다른 함정에 빠질 염려가 있고 상사나 주변 사람들의 믿음을 약화시킬 수 있다.

시간과 마음, 돈을 투자하라

내가 지치고 힘들 때 진심어린 애정으로 내게 밥 한 끼 살 수 있는 사람이 과연 몇 명이나 될까. 그 수가 직장생활의 성공 척도가 될 수는 없지만 인간관계를 평가하는 중요한 기준은 될 수 있다. 또 실패했다 하더라도 다시 일어설 수 있는 바탕이 된다. 이런 사람을 한 100명 쯤 둔 당신은 이미 부자이거나 곧 부자가 될 사람이다. 그러나 혹 주변에 너무 사람이 없다면 나의 인간관계부터 근본적으로 점검해야 한다. 사람에 대한 진심어린 마음과 탁월한 업무능력만으로는 부족하다.

인간관계에도 투자가 있어야 하는데, 대다수의 여성들은 이 부분에서 짜다. 인간관계를 위해 굳이 내가 뭘 써야 한다는 생각에 거부감부터 가지는 사람이 제법 있다. '내가 왜?' '아쉬운 사람이 오라지' 하는 식이거나 '진심은 다 통하게 돼 있어. 나만 잘하면 되지 뭐' 하는 수수방관형 등이 많다. 하지만 좋은 인간관계를 유지하고자 한다면 세 가지 정도의 '투자자본'이 필요하다.

첫 번째는 '시간'이다. 이건 이래서 내놓을 수 없고 저건 저래서 내놓을 수 없는 사람들에게 그럼 시간을 내놓을 수 있냐고 물으면 다시 변명이 이어진다. 바빠서, 너무 늦게 끝나서, 업무가 많아서… 등 핑계는 여전히 많다. 그 모든 것은 시간 싸움이다. 일이냐, 가정이냐, 자기계발이냐, 취미냐, 인간관계냐의 문제일 뿐이지 시간을 전제하지 않고서는 불가능한 일들이다. 그러나 이 모든 것들이 하루를 통째로 내놓으라고 하는 경우는 드물다. 자신이 요리조리 나누어 안배를 잘해야 하는 문제만 남는다. 인간관계 중 간단한 메일로 안부를 묻는 일도 몇 분의 시간을 내야 할 수 있는 일이다. 누군가와 함께 식사를 하는 일도 다른 약속 없이 그 사람에게 시간을 내야 하는 일이다.

폭넓은 네트워크를 위해서는 저녁이나 주말에 적당한 시간을 분배해야 한다. 날마다 보는 동료와 저녁까지 긴 술자리를 갖고 같은 이야기를 되풀이하는 것보다는 자기계발도 되고 사람 사귐도 폭넓게 하기 위해서 학원을 다니든 헬스클럽을 다니든 동호회에 참석하든 아주 다른 분야의 사람들과 교류하는 일이 필요하다.

그리고 두 번째 투자자본은 '마음'이다. 한 제자가 스승에게 물었다.

"제겐 왜 기쁨이 없습니까? 왜 다른 사람들로부터 복을 받지 못할까요?" 그랬더니 스승은 "너는 어찌 한 되짜리 그릇을 갖고 한 말의 쌀을 받아 오려고 하느냐. 한 조각의 천을 들고 옷 만드는 집에 가서 한 벌의 옷을 지어 달라고 할 수 있겠느냐. 매사를 찡그린 얼굴로 대하면서 기쁨을 기대할 수 있겠느냐. 다정한 이웃이, 그리고 베푸는 사람이 되지 않고서 어찌 다른 사람이 행복을 줄 것이라고 생각하느냐."

이 스승은 아주 간단한 이치를 설명하고 있다. '농부가 봄에 씨를 뿌리지 않고 가을에 수확을 할 수 있겠는가' 하는 것이다. 우선 뿌려야 한다. 그것도 마음을 담뿍 담은 사랑의 씨앗을 말이다. 씨앗을 받는 사람은 그것이 싹을 틔울 수 있는 촉촉한 마음이 있는지, 아니면 전혀 싹이 나오지 않을 메마른 마음인지 금방 안다. 그것은 사람끼리 주고받는 교감이기 때문이다. 마음을 내지 않고 시간만 내는 인간관계는 절름발이다. 내가 먼저 베풀지 않고 상대가 먼저 베풀기를 기다리는 인간관계는 언젠가 '쩡' 소리가 날 것이다. 사람들은 따뜻하고, 온화하고, 부드러운 사람 주위에 모이고 함께 있고 싶어한다. 눈이 잘 녹지 않는 겨울의 음지보다 볕이 드는 양지에서 사람들이 모여 이야기를 나누는 것과 같은 이치다.

먼저 배려하고 먼저 베풀 마음이 준비되었을 때 시간을 내라. 메일 한 통 쓰는 데는 몇 분 안 걸리지만, 마음이 없으면 한 시간을 붙잡고도 할 말을 찾지 못한다. 형식적인 인사만 겨우 쓸 수 있을지 모르겠다. 마음을 낼 때 비로소 시간은 더욱 쉽게 낼 수 있다.

세 번째, 인간관계의 투자에도 역시 '돈'이 든다는 점이다. 여자든 남자든 공짜로 '빈대 붙는' 사람을 좋아하는 사람은 없다. 아무리 여자라도 늘 얻어먹거나 남자가 돈을 쓰게 만드는 것은 결례를 지나 꼴불견으로 비치기 쉽다. 사람 사이에 돈 문제가 끼면 아주 치사해지지만 요즘처럼 너나없이 주머니 사정이 어려운 때에는 더욱 더 돈을 쓰는 데 내 생각만 해서는 곤란하다. 개인적으로 검소한 소비습관 탓에 돈을 쓰는 일이 끔찍하게 싫다면 할 수 없지만, 단지 돈 때문에 자신의 생각, 실력, 비전을 알리고 여러 사람과 교류할 기회를 놓친다면 실력이 있다 해도 실력을 알릴 기회를 갖지 못하게 된다. 조언을 듣고 실질적인 도움이 되는 여러 가지를 두루 취하려면 폼 나게 써야 할 때가 있다.

그러나 돈을 쓰는 데 지나치게 'give and take'를 따져서도 안 된다. 금전은 또 하나의 마음의 표시다. 무엇보다 사람과의 만남이 즐겁고 그 사람이 좋아서 그냥 내가 쓰고 싶은 마음으로 써야 기분도 좋고 받는 사람도 기억에 남는다. 돈에는 표정이 없지만 돈을 가진 사람의 얼굴에는 표정이 묻어나기 마련이다. 이왕 쓸 돈이라면 그것을 굳이 따지고 드러내서 불편해질 필요가 있는가. 아예 다른 부분의 지출을 줄이더라도 다달이 인간관계를 위한 비용을 따로 떼어두고 적당히 나누어 관리하는 것도 한 방법이다. 스트레스도 덜하고 인간관계를 위한 계획적인 비용 운용이 될 수 있기 때문이다.

씨를 제대로 뿌리는 법

1 말을 옮기지 않는다. 그러면 사람들은 당신에게 더 많은 정보를 줄 것이다.

2 남을 도와주고, 도와준 사실은 잊어버려라. 받아야 할 빚을 마음속에 두는 건 언제든 지 섭섭하고 원망할 수 있다. 사심 없이 도와주는 마음이 평소 평판 관리를 잘하는 비결이다.

3 가끔씩 기억나게 돈을 써라. 그리고 생색내지 말자.

Chapter
3

아직도 모르겠다는 당신,
이것만 기억하라

이 정도야, 이런 것쯤이야… 했던 사소한 일.

어느 순간 조직생활의 뿌리를 갉아먹는 치명타가 된다.

사소하게 여성들이 저지를 수 있는 실수.

몰라서 그랬다면 배워야 하고

알면서도 그렇게 했다면 이제 바꿔야 한다.

노출도 수위조절이 필요하다

남성과 여성의 차이점을 말하라고 하면 너무 광범위하니 범위를 좁혀달라고 할 것이다. 간단하다. 남자들은 사실만 말하는 것에 익숙하다. '자신에 대해 한두 문장으로 간단하게 설명해보라'는 단 한마디를 푸는 방식에서 남녀의 차이는 금방 드러난다. 보통의 남자들은 자신에 대해 이야기해달라는 요청을 받았을 경우 건조한 스타일로 답하기 쉽다. '그게 다야?' 하는 생각이 들 정도로 "나이는 27세, 키는 176cm이고 몸무게는 78kg, 영업부에서 근무하고 있습니다." 이런 식이다. 만약 여성이라면 이보다는 훨씬 감정적이고 주관적이다. "머리칼은 흑갈색이고 긴데다가 그다지 크지 않은 키에 날씬하다고는 할 수 없지만 그렇게 밉상은 아니라고 생각합니다. 이렇게 일어서서 여러 사람 앞에서 저에 대해 말해보지 않아서 떨립니다"라고 말할 수 있을 것이다.

업무에 있어서도 비슷한 상황이 연출된다. 어떤 프로젝트에 조금 수정이 필요할 경우 여성들은 프로젝트를 일일이 보고하면서도 자신의 과실을 지적하고 수정이 필요한 모든 부분을 하나하나 열거한다. 하지만 남성들은 사실 위주로 설명하고 문제점이 있을 때는 먼저 다른 사람이나 상황의 탓으로 돌리는 데 익숙하다. 예를 들어 어떤 일의 설계가 잘못된 문제라면 남성들은 "방법이 문제가 아니라 그 방법으로 문제를 현실적으로 측정하는 것이 불가능했던 것뿐입니다. 처음부터 그 방법을 쓰지 않았어야 한다는 거죠"라는 식이다.

무엇인가 부정적인 질문이 던져지거나 잘못된 것에 대해 물을 경우, 당황하지 않아야 한다. 당황하면 심리적으로 위축되어 자신이 앞서서 잘못된 점을 '솔직하게' 고백성사하는 길로 빠르게 갈 위험이 있다. 'H씨, 왜 이 일을 제 시간에 끝내지 못했죠?"라고 상사가 묻는다고 해도 H씨는 자책하지 않아도 된다. 대답을 듣기도 전에 상사가 문제의 원인에 대한 힐난이나 비난을 미리 H씨에게 퍼붓는 것이 아니기 때문이다. 상사는 그 이유가 알고 싶을 뿐이다. 문제가 있다면 문제를 풀 수 있는 열쇠를 줄 수도 있고, 지원이 미흡해서 진행이 더딘 거라면 지원하는 문제를 해결해줄 수 있다. 그냥 그 일이 늦어진 합당한 이유를 설명하기만 하면 된다. 예를 들면 솔직하면서 적절한 이런 대답을 할 수 있다.

"팀장님, 그건 두 가지 이유 때문입니다. 한 가지는 짧은 마감시간을 맞추기에 인력이 너무 부족했고, 또 한 가지는 이 일을 마치는 데 중요한 정보를 이틀 전에 받았기 때문입니다."

설령 잘못한 책임이 분명히 있다고 해도 기죽지 말자. 감정에 휘말려 우왕좌왕하는 것은 최악이다. 어떤 잘못을 저질렀든 자괴감에 빠지거나 자책하는 것으로 시간을 쓰지 말고 가장 중립적이고 객관적인 입장을 가지고 담담하게 처리하는 인상을 줘야 한다. 사과, 변명, 방어 같은 것을 하려고 하지도 말고 "팀장님이 무슨 말씀을 하시는지 잘 알겠습니다. 다음부터는 그 점을 명심해서 일처리를 하도록 하겠습니다" 하면 끝난다. "죄송합니다. 저로 인해 저희 팀 전체에 폐가 되었어요. 그렇게 하지 말았어야 했는데… 죄송합니다." 거듭 이런 식의 사과로 수습하려고 하지 말자. 업무에도 도움이 되지 않을 뿐더러 동료들이 모두 정말 당신 책임이 전부인가 보다 하면서 부정적으로 생각할 수 있다. 우선 나부터 부정적인 표현을 하지 말고 긍정적이면서 생산적인 표현을 쓰자.

또 여성들은 지나치게 자기 사생활에 대해 많은 이야기를 하는 경향이 있다. 특히 사석에서는 자기 사생활에 대한 방어를 거의 하지 않는 직장여성들이 많은데, 아무리 친한 동료라도 시시콜콜 자신의 사생활을 공유하는 것은 좋지 않다. 상사가 업무 실적이 좋지 않은 이유를 묻는데, 울면서 장시간 복잡한 가정사를 이야기하며 선처를 구한다거나 하는 일은 오히려 마이너스다. 내게 마이너스가 되는 사적인 이야기를 너무 많이 하는 것이 좋지 않은 이유는 누군가 나쁜 마음을 먹으면 그것이 날카로운 비수가 되어서 돌아올 위험이 있기 때문이다.

정말 복잡한 가정사로 머리가 깨질 듯 아프고 일에 지장을 주고 있을 경우, 솔직하게 그 비하인드 스토리를 줄줄 다 얘기하지 말고, 이렇게 말하는 것이 능력 있는 직장여성으로 보이게 한다. "지금 제 개인적인 사정이 좀 어렵습니다. 하지만 저는 일 역시 너무나 중요하기 때문에 앞으로 일에 더 신경 쓰도록 노력하겠습니다." 이 정도면 상사는 문제를 분명히 인식하면서도 기다려주고 격려해줄 수 있게 된다.

중요한 것은 '직장에서는 솔직하지 않는 것이 이익이다' 가 아니라 솔직함에도 선을 그어야 한다는 점이다. 사적인 이야기라도 해도 되는 이야기와 해서는 좋지 않을 이야기를 구별하고, 그 말을 해야 할 대상도 적절하게 선별하는 것이 지혜롭다. 상사가 자신에게 의견을 물을 때는 그 의견대로 상사가 하려 한다기보다 상사가 당신의 속내를 알아보려는 것일 때가 있다는 것을 잊지 말고 현명하게 대처하자. 자기 형편을 있는 그대로 이야기하거나, 마음속의 생각을 감추지 못하는 것, 아무나 붙잡고 하소연하고 속상해하고 내 처지를 이해해달라고 하는 것은 프로답지 못한 행동이다. 어려운 사정이 있음을 시사하되, 이 문제가 업무에 지장을 주지 않도록 하겠다는 의지를 보이면서 노력하는 자세를 보이는 것이 깔끔하고 프로다운 믿음직한 인상을 준다.

그렇다면 사생활을 전혀 이야기하지 않는 '공적인 모습' 을 완벽하게 보여주는 그녀의 모습은 어떨까? 이것도 별로 바람직하지 않다. 너무 사생활이 철저히 가려져 있으면 비밀이 많은 사람, 솔직하지 못해서 믿을 수 없는 사람으로 비치기 쉽다. 그 사이에서 적정한 기준을 갖고 접을 것은 접어 넣고, 드러낼 것은 드러내는 가지치기를 잘하는 것이 능력이다.

A c t i o n P o i n t +

조금 다른 표현이 큰 차이를 낳는다

■ "예산을 초과하지 않으려고 했는데 그렇게 못해서 죄송합니다."
➡ "예산을 좀 초과하긴 했지만, 생각보다 마감을 앞당길 수 있었습니다."

② "그 거래처에 그 일을 맡기기 전에 좀더 자세히 조사할 걸 그랬어요."
➡ "거래처가 적당하진 않았지만 우리가 진정으로 무엇을 원하는지 알게 되어 다행이죠."

③ "저는 사실 그 일을 잘할 자신이 없습니다. 저는 거기서 필요로 하는 자격을 갖고 있지 못하거든요."
➡ "저는 거기서 요구하는 자격을 다 갖고 있진 않지만, 그 방면의 실무경험이 풍부하기 때문에 제가 적임자라 생각해요."

열린 메신저창도 다시 보자

이제 메신저는 직장인들의 필수 커뮤니케이션 도구다. 예전에는 사적인 대화에 사용되어 업무효율을 떨어뜨린다고 생각되었지만 이제는 편리하게 업무를 하도록 도와주는 매체로 변하고 있다. 하지만 편리하다고 자주 이용하다가 웃지 못할 실수로 눈앞이 캄캄해진 사람들이 여럿 있으니, 실수담 앞에 깔깔 웃지만 말고 나도 그럴 수 있음을 각성하자.

대기업에 다니는 C씨는 며칠 전 사내 메신저 프로그램으로 후배직원과 대화하다 돌이킬 수 없는 엄청난 실수를 저질렀다. 후배에게 가야 할 내용이 실수로 부장에게 전송된 것. C씨는 바쁜 와중에 후배가 쉴새없이 쪽지를 보내오는 게 성가셔서 채팅 신청을 한다는 것이 그만 후배가 아닌 부장이름을 클릭한 어처구니없는 대형사고를 친 것이다. 문제는 내용이다. C 씨는 후배와 채팅창을 열었다고 판단하고, 한참 부장에 대한 성토를 한 것이다. 아무런 응답이 없어 이상하다고 생각하긴 했는데, 이어 전화가 울린다. 저승사자 같은 부장의 목소리다. "이게 뭐냐"고. C씨는 손이 발이 되도록 빌고도 이후부터 완전히 부장 앞에서 알아서 설설 기는 자세가 되었다하니 듣기만 해도 등골이 서늘하다.

C씨뿐만이 아니다. 손글씨를 거의 쓰지 않고 이메일이나 인터넷을 통한 쪽지 보내기, 채팅이 샐러리맨들의 주된 의사전달 수단으로 부상하면서 갖가지 웃지 못할 '사고'가 직장마다 넘친다. 광고주로부터 귀찮은 메일을 받고 그 일을 해결해줄 동료에게 광고주의 메일을 '전달'하려고 했다가 '답장'을 눌러 얼굴이 새파랗게 된 일, 거래처에 첨부파일로 초청장을 보낸다는 것이 거래처 사람들이 읽어서는 안 될 기획서를 보낸 일. 하늘이 노래지고 눈앞이 캄캄할 일이다.

디지털 세상은 순간의 클릭에 인생이 꼬일 수도 풀릴 수도 있다. 오전 내내 업무 열심히 하고 점심시간에 메일을 확인하려고 눌렀는데 수상한 메일을 열었더니 야하고 선정적인 이미지가 우르르 쏟아진다면? 그때 마침 점심식사를 마친 상사가 그 앞을 지난다고 가정해보자. 클릭 하나로 그동안 쌓은 이미지가 완전히 구겨지고 업무능력마저 의심받는다면 가슴속에서 천불이 안 날 수 없다. 이런 일은 아무리 잘해도 변명이 구차해지고 사람들에게서 의혹의 눈초리를 벗기 힘들다. 최소한 짓궂게 계속 이 문제를 가지고 장난치려는 사람들까지 막기는 힘들다.

클릭 한 번 잘못해서 대형사고칠 수 있는 것은 이메일도 마찬가지다. 잘못 보낸 이메일은 상대가 열어보기 전이라면 전송 취소를 할 수도 있지만 이마저도 같은 계정을 쓰는 경우가 아니라면 어렵다. 메신저나 이메일 사고는 수신자 지정 사고가 가장 많다. 모 대기업에서 자체 설문조사를 했더니, 전체 직원의 90% 정도가 일주일 동안 업무상 관련 없는 이메일을 한 차례 이상 받는 것으로 나타났다. 직장인이라면 누구나 저지르기 쉬운 실수인 것이다. 이런 사고는 이메일을 직접 받는 사람과 참조 용도로 받는 사람 등 업무 연관 정도에 따라 수신자 지정을 명확히 해야 줄일 수 있다.

특히 메신저에는 대화명을 수시로 바꿀 수 있는 기능이 있다. 이 대화명이 자신의 상태를 잘 알릴 수 있는 좋은 방법이라는 것을 아는가. 수신자 지정을 잘못해서 위와 같은 대형사고가 회사 전체에 소문이 났다면 다음 날, '유서 쓰는 기분'이라는 대화명으로 자신의 심적 상태를 표현할 수 있다. 얼마나 쥐구멍으로 들어가고 싶은지, 얼마나 죽고 싶은 심정인지 잘 보여주게 되어 아직도 화가 덜 풀린 상사가 그냥 피식 웃어버리게 만드는 작전이다. 어떤 이유로든 직장생활의 스트레스가 극도로 쌓였을 땐 대화명으로 '절과 중'을 쓰는 것은 어떤가? 스트레스로 회사에 정이 떨어질 대로 떨어져 '절이 싫으면 중이 떠난다'는 의미인데, 메신저 대화명에 숨은 뜻을 간파한 상사들이 사기가 완전히 떨어진 이 직원의 기를 살려주려 숨통을 열어주었다는 말도 있다.

영업사원인데 휴대폰를 집에 두고 왔을 땐 노트북을 켜서 메신저에 접속해 대화명을 '휴대폰 집에 두고 옴'이라고 바꿔주는 기지를 발휘하는 것도 한 방법일 수 있다. 전날 회식 때 무엇인가 실수를 했다면 다음날, 메신저 대화명에 '미안합니다'라고만 적으면 동료들이 충분히 의미를 파악할 수 있을 것이다. 아침에 대화창을 열 때 '감기몸살' '컨디션 난조' 등 그날의 컨디션을 대화명으로 표현하면 구차하게 변명처럼 들리지 않으면서도 동료나 상사가 자신의 상태를 알게 되어 아무것도 모를 때보다 수월하게 하루를 보낼 수 있다.

메신저 대화명은 센스 있게 또 다른 메시지를 숨기는 방법이다. 눈치 빠른 사람은 메신저 대화명만 보고도 상대방의 일거수일투족을 잘도 알아낸다. 아침에 출근해 회사동료들의 대화명을 훑어보는 것만으로 오늘 하루를 어떻게 살아야 하는지 길이 보인다니 정말 메신저는 이래저래 유용한 도구다. 업무 외 사용을 절제하고, 실수를 줄이고, 센스를 발휘하는 메신저 사용은 직장생활에서 오래오래 유익할 것이다.

파벌의 '어느 편'도 되지 말자

드라마를 보면 직장에서 남자들이 파워게임을 하는 장면을 많이 볼 수 있다. 가장 영향력 있는 사람을 중심으로 부하직원들이 모인다. 능력에 따라 공정하게 인재를 뽑는 인사시스템이 잘 정착된 회사에서는 드물지만, 그렇지 못한 회사일수록 페어플레이를 하지 않는 비열한 사내 정치에 인재등용이 좌우되기 쉽다. 이 과정에서 진흙탕 싸움은 불가피하기도 한데, 여성들이 제법 많은 직장에서도 예외는 아니다. 여성의 상위간부 진출이 남성들과 견주어 아직도 불평등하고 자릿수도 적기 때문에 여성들은 어쩔 수 없이 여성을 적으로 두는 가운데 비열하고, 때로는 잔혹한 싸움도 마다하지 않는다. 평소 사이가 좋지 않았던 두 여자과장 중 한 명이 해외유학을 떠나면서 다른 한 명에 대한 험담을 가득 담은 장문의 이메일을 부하직원들에게 '단체 발송'하는 사건도 있었다. 두 사람을 중심으로 패가 갈린 후배직원들이 서로 견원지간처럼 변해 밥도 같이 안 먹는 유치하지만 살벌한 상황이 드라마 속의 이야기만은 아니다. 크고 작게 편 가르기, 질시와 반목이 오늘 여러분의 회사에서도 현재진행중인 것은 아마 당신이 더 잘 알 것이다.

업무 협조도 잘 일어날 수 없고, 분위기가 너무 나빠 화합도 기대할 수 없으니 이런 문제가 만천하에 드러나는 순간, 양쪽 다 승진이나 인사고과에 오히려 해가 될 수밖에 없다. 그러나 이미 싸움은 시작되어 너무 진도가 많이 나갔으니 되돌릴 수도 없는 지경이다. 여성들만 나쁘다고 할 수 없는 구조적 문제가 있지만 한두 회사에 국한된 문제가 아니니 여기서 시스템상의 문제는 접어두기로 하자.

결론은 파벌의 어느 쪽에도 서지 말라는 것이다. 이분법적인 편 가르기 속에서 형편과 상황이야 어떻든 어느 한쪽에 속한다는 것은 조직생활에서는 최악의 포지션이다. 최후에도 진정한 승자란 별로 없기 때문이다.

파벌 싸움에 발을 들여놓지 않는 가장 중요한 행동지침은 무엇보다 입단속이다. 특히 험담이나 불평에 맞장구치지 않아야 한다. 모든 복과 재앙은 귀로 들어왔다가도 입만 잘 막으면 더 이상 악화되지 않는다. 뭣 모르는 직장 초년생들은 누군가 말하면 맞장구를 쳐줘야 예의라는 소리만 어디서 듣고, 그래야 말한 사람이 민망하지 않을 거라는 배려 깊은 생각에 함께 맞장구치고 흉보며 시원하게 한바탕 배설(?)을 하고 만다.

그런데 그 배설물에는 항상 따라오는 것이 있으니 바로 독가스다. 아무 생각 없이 맞장구친 말이 그대로 독이 되어 내게 부메랑처럼 날아올 수 있다. 악의가 있었든 없었든 그것은 중요하지 않다. 그 비슷한 말을 했다는 것이 중요하다. 거기서 나온 말이 몽땅 당신이 한 말처럼 둔갑하는 수도 있고 하지 않은 말이 투덕투덕 살처럼 붙어서 그 비대한 몸집이 온 회사에 돌아다닐 수도 있다. 그 뒷감당을 잘해낼 자신이 있는가.

말이란 게 앞뒤 정황을 다 들어보면 타당한 말도 앞뒤 정황 싹둑 잘라내고 들으면 누구라도 오해 받을 만한 경우가 무수히 많다. 요즘 인터넷 기사를 보면 별것 아닌 사건에 요상한 제목을 붙여서 클릭해보고 싶게 만들지만, 결국 '제목에 낚인' 것을 알고 나면 황당하고 허탈해지지 않는가? 화도 난다. 말은 그 속성상 연속성이 없을 때 왜곡되기 쉽다. 누구를 험담하려고 한 말이 아니라 그냥 분위기 맞추는 수준에서 한 말도 결과적으로 한통속이 되어 흉을 본 것과 다름 없어진다.

누가 다른 사람을 흉보고 그 사람에 대해 분노를 터뜨리거든 그냥 고개를 끄덕거리며 들어줘라. 말을 옮기지 않는 것이 최상이다. '그런 생각도 들 수 있겠네' '참 속상했겠다' 하는 선에서 잘 들은 표시를 하고 들은 말들은 전부 꿀꺽 삼키면 된다. 사람들은 보통 화가 나서 막 분노를 터뜨릴 때 들어주는 사람이 해결책을 찾아주길 바라지 않는다. 우리도 그냥 누군가 들어줄 사람이 필요한 경우가 많지 않은가. 여자들은 말하면서 스트레스를 다 풀고 어느새 정리는 자기가 알아서 한다. 그래서 사실상 해줄 말이 별로 없고 할 필요도 없을 때가 많다. 무엇인가 동조해주고 함께 뒷담화해야 할 부담을 버려도 좋다.

따라서 사람에게 상처받고 사람에게 배척당하기보다 그냥 회사에 충성하는 것이 가장 좋은 방법이다. 시간이 지나면서 사람의 위치가 어떻게 변할지 모르지만, 내가 이 회사에 나름대로 기여하고 있고 그 부분을 인정받고 있다면 그냥 조용히 회사의 방침과 룰에 묻어가는 것이 현명하다. 그것이 조직생활의 중용이다.

A c t i o n P o i n t + + + + + + + + + + + + + + + +

사내 공인 '빅마우스'와 대화하는 법

1 오로지 귀만 열어라
무조건 피하는 것이 상책이다. 업무상 이유로 부득이하게 만날 때는 긍정도 부정도 하지 말고 듣기만 해라. 이같은 사람은 동조자를 찾는 것이 본능이다. 절대 여기에 휘말리면 안 된다. 공범자 대열에 오를 수 있다. 특히 이런 사람에겐 사생활을 절대 이야기하지 말고 시종일관 시큰둥하게 반응해서 저절로 기운 빠지게 해라.

2 희생자와 연대하라
사내 빅마우스가 나의 험담을 늘어놓고 다닌다면 즉시 그에게 당한 다른 동료에게 이 사실을 알림으로써 동맹자를 만들어간다. 그렇게 떠벌이는 사람의 입지를 점점 좁게 만들어준다.

3 공개 망신을 줘라
사람들이 많이 모인 자리에서 계획을 하고 망신을 주라. "○○씨. 그거 사실 아닌 거 ○○씨가 더 잘 알잖아. 난 그렇게 말한 적 없는 거. 대답해 봐요"라고 강하게 정면에서 치명타를 날려라. 정공법에 약하고 뒷담화에 능한 이런 사람들은 대부분 당황하여 꼬리를 내린다. 심하다 싶어 더 이상 참을 수 없을 땐 이렇게 한번쯤 혼쭐을 낼 필요가 있다.

'이런 일'까지 한번 해보자

'커피, 타? 말어?'

'복사, 해줘? 말어?'

'타이핑, 해? 말어?'

매 순간 이런 잡무를 앞두고 잠깐의 고민을 하지 않는 직장여성은 거의 없을 것이다. 매번 고민하고, 해줘도 즐겁지 않게 해주고, 당당히(?) 거절해도 뒤끝은 찝찝하다. '워드 속도가 빠르니까' '커피를 제일 맛있게 타니까' 라는 말을 수없이 들으며 이 칭찬에 과연 어떻게 행동해야 하는가를 고민하게 된다. 요즘 시대에 간단한 대답은 이런 것이다. "하지 말라."

하지만 웃는 얼굴로 그런 부탁을 해오는 사람들의 말을 들어주지 않는 것은 생각보다 무척 어렵다. 분명 자기 업무가 있고, 더구나 전문직 여성이라면 더욱 '서비스를 제공'하는 그런 업무 외적인 허드렛일에 반감을 갖게 된다. '내가 이런 일까지 꼭 해야 돼?' '내가 이런 일하려고 이 회사에 피 터지게 시험보고 들어왔는 줄 알아?' '아니, 자기 손으로 하면 덧나나? 요즘 직장여성을 뭘로 보고 말야' 하는 거친 말이 수없이 가슴을 이리저리 쓸고 지나갈 것이다.

그런데 이런 생각을 하는 내 얼굴은 어떤 표정일지 생각해본 적이 있는가. 분명 화를 내거나 골이 난 표정이거나 신경질적인 반응이 되거나 스스로 자괴감 내지 연민이 들어 씁쓸한 표정이 될지 모른다. 모두 좋지 않다. 윗사람 입장에서도 도무지 시키고 싶지 않을 것이다. 정말 하고 싶지 않다면 화낸 인상을 주지 말고 건설적으로 건의하자. '이번엔 내가 할 테니 다음엔 차례대로 돌아가면서 하자' '지난번에 제가 했으니 오늘은 다른 분이 했으면 좋겠다. 돌아가면서 하자'라는 식으로 제안을 한다. '이게 그렇게 정색할 일이냐'는 식으로 별로 대수롭지 않게 반응하는 사람이 있다면 차분하고 또박또박한 말투로 '제겐 중요한 일입니다'라고 말한다. 이런 일을 서로 즐겁게 자청해서 하는 사람이 없다면 신입사원 정도가 하는 것으로 관례화하는 제안도 나쁘지 않다.

하지만 한편으로 달리 생각할 수도 있다. 회사는 입맛에 맞는 일만 골라서 할 수 없는 곳이다. 직장생활을 길게 보는 사람들은 '좋다. 내가 한다. 밑바닥부터 시작해서 뭔가를 보여주겠다'는 자세로 똘똘 뭉쳐 있다. 오히려 입사 초기에 궂은 일, 허드렛일을 도맡아 함으로써 좋은 평판을 만들어 갈 수 있다. 그런데 '내가 힘들게 공부해서 이런 일하려고 여기 들어왔나' 하는 표정이 빤히 보이게 불평하는 사람 중엔 여성들이 많다. 대학을 나온 사람이 할 일이 아니라고 생각한다면, 그렇다고 고등학교 졸업한 사람은 커피 타는 일을 아무 생각 없이 그냥 해야 된다는 말인가.

하지만 '커피 타는 남자직원'을 찾아보기 힘든 것에 대한 불만이라면 남성들도 할 말이 없지는 않을 것이다. 조금이라도 힘든 일은 왜 다 남자가 맡아서 해야 하나 하는 불만이 있을 수밖에 없다. 여자도 군대 가고 여자도 당직 쫀쫀하게 하고 지방출장도 밥 먹듯 해야 한다고 주장한다면 오히려 불리해질 수 있다.

쉽지 않다. 우선 커피 타고 복사하는 일을 대하는 개인의 자세는 어떠해야 하는지부터 분명히 하자. 커피 타는 일도 복사하는 일도 업무의 일부라고 생각하면 아무렇지도 않게 할 수 있다. 매번 그 일이 내게 떨어지는 것에 대한 불만이 누적되었다면 앞서 말한 대로 차분하게 대처하면 된다. 분기탱천할 것도 없고, 안 하겠다는 것이 아니라 함께 하자, 차례대로 하자는데 누가 돌을 던지랴.

또 아침에 출근했을 때 가끔은 후배들 커피도 내 손으로 타서 돌리는 것은 어떤가. 내 것만 갖다 먹다가도 종종 내 손으로 후배에게 커피 한 번 타서 대접하는 것. 후배들에겐 감동이다. 아마도 일주일에 한두 번쯤은 내 손으로 커피 안 갖다 먹어도 될 것이다. 후배들이 고마운 선배에게 커피 한 잔 갖다주는 게 뭐 그리 어려우랴. 오히려 즐거움이다. 무엇이든 마음먹기에 달려 있다. 회사일이라는 게 내 입맛에 맞는 일만 골라서 할 수 없는 법이다. '까짓, 밑바닥에서부터 시작해서 뭔가를 보여주겠다'는 각오로 덤비면 못할 것이 없다.

커피 타는 것 했으면 다른 사람 머그잔도 한번 닦아주는 것은 어떤가. 복사해주기, 내 책상 깨끗하게 닦을 때 옆 자리 동료 책상도 한번 닦아주는 것, 좋은 정보 공유하는 것, 이 정도는 좋은 인간성을 홍보하는 방법이다. 야근, 휴일근무 이런 것도 빼지 말고 다섯 번에 두 번 이상 자처해보라. '내가 이런 일하려고 여기 왔나' 하는 생각 대신, '나는 이런 일도 할 수 있다'라는 생각으로 허드렛일일수록 더 열심히 할 때 그 성실함과 열정 덕분에 곧 더 중요한 일이 주어진다. 만약 그래도 그 '마음먹기'가 어렵다면, 그래서 불만이 생긴다면 공적인 제안과 의견내기를 통해서 해결하면 된다. 골낼 일도 입 내밀 일도 화장실 가서 씩씩댈 일도 아니다.

지겨운 회식일수록 꼭 참석하자

식당으로 사람들이 하나 둘 들어오고 웬만큼 다 자리를 잡고 앉았다. 팀
장이 휘이 한 번 돌아보더니 높은 소리로 말한다.

"어, J씨 어디 갔어요? 안 보이네. 오늘도 안 왔어? 또 집안에 제사가 있
나?"

1차 회식이 끝날 즈음 팀장의 눈이 동그래진다.

"H씨, H씨 어디 갔어요? 또 벌써 간 거야? 밥만 먹고? 아니 더 있다 가
면 누가 잡아먹나 원, 진짜는 지금부턴데….."

요즘 직장 회식은 상사가 일방적으로 날짜와 시간을 잡으면 눈총받는 분위
기다. 다들 퇴근 이후에는 철저히 자기 시간을 즐기고 싶어하기 때문에 눈치

없이 상사가 자기 좋은 시간에만 맞추어서는 원성만 산다. 그러나 착한 상사님이 여러 사정 두루 고려해서 어렵사리 회식시간을 잡아놓았건만 참석률이 저조하다면 착한 상사도 화가 날 일이다. 특히 상습적으로 회식자리에 불참하는 직원들은 딱 찍히기 십상이다. 그 상습적인 불참자는 99% 여성이기 쉽다.

안다. 여성들이 회식자리를 기피하는 이유는 나름대로 많다. 술 못하는데 죽어라 술 주는 사람 때문에, 술에 취하기만 하면 집적대는 남자동료나 상사 때문에, 1차에서 고이 끝내면 좋으련만 다들 취해서 정신도 없으면서 굳이 2차, 3차까지 끌고 가려는 상황이 지겨워서, 나가봐야 유익한 것도 없고 늘 하던 얘기 또 하느라 지리멸렬해서…. 사람에 따라 이보다 더 많은 이유를 댈 수 있다.

회식이 업무의 연장이라는 말은 무수히 들었을 것이다. 이 말은 회식만큼 업무 때 깎인 점수를 만회하기 좋은 자리도 없다는 말로 해석할 수 있다. 업무시간이 정사(正史)를 써내려가는 일이라면, 퇴근 후 회식시간은 직장생활의 야사(野史)를 써내려가는 시간쯤에 속한다. 그런데 역사는 정사보다 야사에 더 흥미진진한 일이 많다. 야사를 통해 정사에서 미처 이해되지 않았던 행간을 읽을 수 있다.

마찬가지로 회식은 공(公)과 사(私)의 자리에 경계가 약간 흐려지는 구석이 있는 시간이다. 여기서 오가는 말, 여기서 쌓는 인간관계, 여기서 풀리고 엉키는 갈등과 오해 때문에 팀워크나 업무협조가 더 좋아질 수도 있고 더 나빠질 수도 있다. 이런 면 때문에 회식자리가 공적인 업무의 연속이라고 하는 것이다.

우선 어떤 모임이든 유익해야 한다는 생각, 혹은 재미있거나 시간적 가치가 있어야 한다는 생각을 버리자. 이건 순진한 소녀 같은 생각이다. 책상 앞에 앉아 있거나 계속 일만 하는 것이 좋은 시간을 보내는 방법은 아니다. 모임의 내용이 모임의 모든 것이라고 생각하면 시간 낭비가 아닌 모임이 거의 없다.

어떤 자리든 그 모임의 내용이 전부는 아니다. 모임은 사람들에게 나를 보여주고 다른 사람들을 만나 인사를 주고받는 시간이다. 사람들은 대개 자기에 대한 소문을 갖고 있기 마련인데, 소문은 바로 내가 자리에 없을 때 남들이 나에 대해 하는 평가다. 나에 대해 사람들이 어떻게 말하는지 알아야 한다. 그렇지 않으면 자신을 효과적으로 홍보할 수 없다. 여성들은 회식 자리에서 의외로 피드백이 활발하다는 것을 알아야 한다. 실제 업무시간에는 너무 눈치 볼 일이 많아 하기 힘든 말도 술 한잔 들어가고 적당히 긴장이 풀리면 곧잘 흘러나온다. 그 시간을 놓치면 안 된다.

또한 회식은 자기 자신을 홍보하거나 어필하는 최상의 시간이다. 술에 관해서도 차라리 적극적이 되는 것은 어떨까. 새롭게 술 마시는 법도 알아 두었다가 소개하기도 하고, 친한 동료와 붙어 있고 싶어도 꾹 참고 그날 회식의 주인공에게 관심을 퍼부어준다. 회식의 주인공은 대부분 상사이다. 아부하라는 것은 아니지만 계속 가까이서 관심을 가져주는 것이 좋다. 여자 상사라면 "머리 스타일 멋진데 어디서 하셨어요?" 같은 시시콜콜한 것까지 물어보면서 친밀감을 높일 수 있는 기회다.

술만 먹으면 끈적거리는 상사는 어딜가나 꼭 있다. 블루스 추는 시간만 학수고대한 듯 기회를 놓칠세라 다가서는 그런 상사를 어떻게 할까. 상사이기 때문에 친한 척 맞춰줄 필요는 있다. 하지만 '나는 군무보다는 솔로를 즐기는 프리마돈나예요'라며 센스 있고 위트 있게 거절한다. 그리고 술자리 중에 계속 치근대는 상사가 있다면 재빨리 자리를 옮겨야 한다. 티나게 싫은 내색을 하기보다 술잔을 들고 계속 자리를 옮기며 여러 사람과 두루 교류하고 친교를 나누는 것처럼 보이며 치근댈 기회마저 아예 차단한다.

평소 회사 안에서 하듯이 회식자리에서도 센스 있게 처신할 수 있다. 이제부터 회식에 빠지지 말자. 회식을 가볍게 여기지 말자. 거기서 '역사'는 다시 씌어진다.

A c t i o n P o i n t + + + + + + + + + + + + + +
+ + + + + + + + + + + + + + + + + + + +

회식자리에서 효과적으로 도망치는 법

1 술병을 손에서 놓지 마라
자신은 적게 먹을 수 있고 다른 사람에게 오히려 많이 먹일 수 있다.

2 친절한 척 다른 사람을 챙겨라
비어 있는 잔을 계속 채워 누군가를 취하게 만들어 계속 그를 챙겨주는 척한다.
그러다가 "많이 취하셨나봐요, 제가 데려다주고 올게요"라면서 자연스럽게 나간다.

3 다른 약속 핑계를 대라
회식자리가 너무 길어져 싫다면 "요 가까운 데 약속이 있는데 잠깐 참석하고 오겠다"고
둘러댄다. 화장실 핑계는 가방까지 갖고 나가기엔 무리가 있으니 차라리 근처에 약속이
있다고 하라. 핑계라도 심증은 있지만 물증이 없어서 어쩌지 못한다.

회사에서 '언니'를 찾지 말자

K씨는 요즘 살맛이 난다. 하루 종일 화장실도 같이 가고 잠깐의 티타임 때도 같이 하는 앞자리의 L씨 덕분이다. 점심에 팀장이 함께 밥 먹자고 할까봐 미리 L씨와 눈짓으로 빠져나갈 구멍을 마련하고 있다.

"언니. 정말 과장님은 왜 그렇게 우리랑 같이 밥 먹으려고 하는지 몰라. 난 너무 불편해서 잘 넘어가질 않거든."

어느새 K씨는 L씨와 본격적으로 친해진 이후 '언니'라고 호칭하기 시작했고 그 돈독한 관계는 쉽게 변할 것 같지 않다.

"언니, 나 이것 좀 해줘요. 언니는 나으 천사~."

"언니, 나 속상해 죽겠어. 도대체 누가 전화를 잘못 받아가지고 내가 받자마자 그 거래처 사람이 그렇게 화를 내냐구요."

말끝마다 언니, 언니 하는 소리를 듣는 게 외동딸인 L씨도 싫지 않은 표정이다. 퇴근 후에도 두 사람은 함께 쇼핑도 하고 식사도 하고 영화도 보러간다. 그런데 며칠 전 다른 팀의 팀장이 왔을 때도 K씨는 무심코 이렇게 말했다.

"언니, 오늘은 떡볶이가 땡긴다 이상하게. 우리 있다가 퇴근하고 떡볶이 먹으러 갈래요? 꼬치국물하고."

그랬더니 그 팀장 하는 말.

"어, 여긴 여고 시절 분위기네. 언니에, 떡볶이에, 꼬치에… 어이, K씨, 나도 껴주면 안 되나? 옆에 있는 남학교 학생이라 생각하구. 하하!"

그런데 눈치 없는 K씨. 그 말을 넙죽 받아서 번죽 좋게 말한다.

"어, 팀장님. 그거 참 재밌겠는데요. 근데 멋진 남학생은 여학생들이 지갑 열게 하지 않는다는 거 아시죠?"

드라마를 보면 꼭 이런 역할을 하는 주인공의 직장동료가 있다. 일명 '고춧가루 조연'으로 주인공보다 안 예쁜 건 기본이고 수다스럽고 좀 주책인데다가 사사건건 참견이고 훈수다. 그런데 현실에서는 사람 사이의 적당한 선긋기가 절대적으로 필요하다.

인간관계에 있어 제대로 된 호칭은 거리를 만드는 것이 아니라 경우 있는 사람을 만든다. 반말 대신 경어를 쓸 수 있다면 더욱 효과적이다. 공적인 호칭 없이 친하답시고 반말로 편하게 막 하다 보면 예의는 물론이고 경우라는 것도 어느새 없어지고 만다. 그런 일이 쌓이다 보면 그간의 정이 있어서 겉으로 말은 못해도 안으로 불만과 스트레스가 쌓이고 그러다 보면 사람이 싫어지는 경우까지 생긴다.

　남들은 못 친해져 안달인데 배부른 소리라고 생각하는가? 그렇지만 사실 직장이라는 공적인 공간에서 누군가와 필요 이상으로 끈끈해지는 것만큼 피곤한 일도 없다. 넘치지도 모자라지도 않는 이상적인 동료 관계를 유지하기 위해 지금부터라도 꼭 지켜야 할 것들을 챙겨보자.

　특히 친한 척하며 '언니'라고 부르는 후배가 있으면 알아보기 쉽게 금을 긋고 회사 내에서는 자신의 이름과 직함을 정식으로 사용하도록 한다.

A c t i o n P o i n t + + + + + + + + + + + + +
+ +

공적인 호칭으로 불리는 법

- **1** 전화 자동응답 메시지에 자신의 이름만 사용하지 말고 성을 모두 붙여서 녹음한다.
- **2** 음성메일 인사말에, 이메일 주소에, 자신을 소개할 때, 전화를 받을 때 성과 이름을 항상 함께 사용한다.
- **3** 친근한 표현으로 '언니'라고 부르는 후배가 있으면 정식 직함이나 이름으로 불러줄 것을 우회적으로 전한다.

통장관리도
자기관리의
일부다

'똑똑…'

조용한 사무실에 문 두드리는 소리가 나고 곧 반쯤 열린 문틈 사이로 한 남자의 모자 챙이 먼저 들어온다. 두리번두리번 사람을 찾는 모습이다. 오른쪽 맨 끝에 앉아 있는 C씨는 곧 반색을 하며 그 남자에게로 다가선다.

"벌써 왔어요? 배송 한번 빠르네."

싱글싱글 웃으며 사인을 하는 그녀. 오늘만 두 번째다. 이제 사내에서 그녀가 업무 짬짬이 인터넷 쇼핑에 몰입하고 있다는 것을 모르는 사람은 거의 없다. 일주일에 두세 건은 기본이다. 택배회사 직원이 오면 아예 C씨에게 안내하는 직원도 있다. 그녀가 쇼핑 후 마음에 들지 않아 다시 반송

하고 새로 받고 하는 것까지 합치면 사무실에 택배회사 직원들이 들락날락 거리는 일은 아예 일상적인 풍경이다.

C씨와 같은 경우로 가슴이 찔리는 사람, 지금도 많을 것이다. 아직 결혼하지 않은 미혼의 직장여성들은 자신에 대한 투자를 아끼지 않아 소비가 수입을 앞지르는 상황도 적지 않다. 모두 재테크의 귀재나 저축왕이 될 필요는 없지만 돈을 규모 있게 쓰고 미래를 예비하고 설계하는 일은 꼭 필요하다.

직장생활을 한 지 3년이 넘었지만 지금까지 쌓은 저축액이 100만 원도 채 안 되는 직장여성의 실제 씀씀이를 보면, 월 소득 170만 원 중 한 달에 쓰는 카드값을 빼면 30만 원 남짓이 남는다. 그나마 얼마 전 소형차를 구입해 할부금을 내기 시작하면서 '마이너스'로 돌아설 처지다. 한 달에 쓰는 비용을 따져 보니 반 이상이 할부금이다. 카드청구서엔 자동차 24개월 할부금, 명품 가방 3개월 할부금, 외국으로 다녀온 여름휴가 여행경비 6개월 할부금 등 목록이 화려하다. 요즘 유행하는 게임기 3개월 할부금, 와인바에서 결제한 2개월짜리 할부금, 휴대폰 할부금도 들어 있다. 전체 소득 가운데 53% 가까이를 할부대금으로 쓰는 생활, 이쯤 되면 '할부 인생'이라고 불러도 심하지 않다.

이처럼 쇼핑을 좋아하는 20대 직장여성 중 일부는 2~3개 되는 신용카드와 여러 가지 백화점카드 등을 무기로 '지름신'에 의지하다 할부금 갚는 데 인생을 낭비하는 일이 적지 않다. 신용카드는 몇 개월 동안 얼마씩 나눠 결제하면 큰 부담이 안 되겠다 싶은 데에 함정이 있다.

할부결제가 폭넓어진 요즘은 비교적 값싼 인터넷쇼핑몰에서도 3만 원 이상은 할부로 살 수 있다. 각종 카드 3개월 무이자는 일반적이고 홈쇼핑이나 인터넷쇼핑몰 등에서는 10~12개월까지 무이자를 앞세워 소비 심리를 자극한다. 하지만 여기에 속으면 안 된다. 할부기간이 길수록 할부 효과가 크기 때문에 장기 할부가 부담이 없겠지만 그것이 바로 덫이다. 점차 미래 소득까지 무리하게 당겨쓰다 보니 저축할 여지가 남지 않고 잠재적 신용불량자가 되어가는 것이다.

20대에 자산을 축적하지 못한 채 할부 생활에 빠지면 결혼하고 30대가 지나면서 그 부담이 점점 커질 수밖에 없다. 각종 주택담보대출에 학자금 대출, 자동차 할부금, 보험료, 부모님 용돈 등등 한 달에 갚아야 할 것들을 먼저 챙기는 빠듯한 생활에 자기계발은커녕 부부끼리 외식도 자주 못하는 나쁜 상황이 온다면 견뎌낼 자신이 있나 생각해보자. 물론 미리 그런 상황에 대비하여 훈련해야 한다는 것이 아니라 그런 상황이 오지 않게 미리부터 규모 있는 경제생활을 해야 한다는 의미다.

자신에게 찰싹 달라붙은 '지름신'을 도저히 물리칠 자신이 없다면 아예 신용카드를 발급하지 않고 직불카드만 들고 다니거나 현금만 가지고 다니는 것도 최후의 방법이다. 회사에 지장을 주지 않고 내 돈 가지고 내가 쓰고, 빚을 져도 내가 지는데 무슨 문제일까 싶겠지만, 자기관리에 규모가 없고 계획이 없는 사람에게는 회사도 큰일을 맡기지 않음을 명심하라. 특히 위로 올라갈수록 숫자와 친해지고 그 숫자에 책임을 져야 할 일이 생기기 때문이다.

일반적인 인식과는 달리 여성이 현재의 직장 또는 직업을 평생직장이나 평생직업으로 여기는 비중이 남성에 비해 오히려 높다고 한다. 쓰고 싶은 대로 쓰고, 하고 싶은 대로 하며 살다가 이런 내 취향(?)을 잘 받아줄 남자와 만나서 결혼하면 된다는 19세기적 사고로 직장생활을 하는 게 아니라면, 내 주머니 관리도 철저하게 하자. 내 주머니 속은 남들이 모르는 것 같아도 나중에는 그 사람의 평가를 좌우할 매우 중요한 잣대임을 잊지 말자.

주머니 관리의 비결

1 큰돈을 잔돈으로 바꾸지 말아라
지갑 속 1만 원권을 가능한 한 오래 지켜라. 잔돈으로 바꾸는 순간 1만 원은 사라진다.
1만 원권 1장과 1천 원권 10장은 결코 같은 돈이 아니다.

2 일상생활을 점검하라
생활에서 필수불가결한 부분에 대해 최대한 비용이 덜 들 수 있는 방법으로 타이트하게
구조조정한다. 예를 들면 통신요금, 공과금 같은 것에 다이어트가 필요하다.

3 작은 것을 우습게 여기지 말아라
세수하는 내내 물을 그냥 틀어두고 하는 사람들은 반성하라. 물 흐르듯 돈이 새나간다.

4 너 자신을 알라
평소 자신의 주머니 사정을 꼼꼼히 파악해 지출 계획의 자료로 삼는다. 쇼핑을 할 때는
살 물건의 목록을 미리 적어서 한다.

5 적을 공부하라
신문ㆍ전단 광고 등을 통해 싸게 파는 곳을 정리해두고 한 가지를 구입해도 여러 브랜드
를 놓고 비교한다.

6 시간차로 공격하라
각종 이벤트를 기다려 쇼핑한다.

7 한 놈만 찍어라
카드나 인터넷쇼핑몰 이용 때 가급적 주거래 대상을 정해 서비스 포인트를 적립한다.

8 대여와 리필을 생활화하자
'내 소유'에 대한 고정관념만 버리면 된다.

9 시야를 넓혀라
주위를 둘러보면 각종 무료 쿠폰이나 마일리지 서비스가 널려 있다.

10 폼생폼사는 없다
2천 원짜리 라면 먹고 5천 원짜리 커피 마시는 어리석은 짓은 하지 말라.

도덕과잉증
환자는
부담스럽다

　　여성이 최고경영자인 기업, 여성이 국가지도자인 나라는 확실히 부패가

적고 청렴하다. 양심이나 도덕성 같은 소중한 가치들을 잘 실천한다는 점

에서 여성 리더는 남성 리더와 차별화되는 경쟁력을 갖는다. 하지만 조직

내의 처세술에서는 조금 문제가 다르다. 때에 따라선 능구렁이가 되어야

하고 뻔뻔해질 필요도 있다. 뻔뻔함이 이기적으로 자기 이익만 챙기려드

는 이기주의와 남들은 손톱만큼도 생각 안 하는 안하무인이면 곤란하지만

결정적일 때는 그야말로 적당하게 두껍고 예쁜(?) 철판을 얼굴에 깔아주

는 것도 꼭 필요하다. 필요할 때 '페이스 오프'가 가능하도록 용도별로 서

너 장씩 준비해두는 것은 어떨까. 정말 필요할 때 뻔뻔함의 카드를 쓸 수

있는 것도 조직 내에서는 아주 중요한 '생존 경쟁력'이다.

그런데 여성들 중에는 유난히 도덕과잉증 환자가 많다. 혹시 남에게 폐가 될까 신세를 질까 전전긍긍하는 사람, 내가 손해 보면 봤지 절대로 남 불편하게 하거나 부담 주는 일 못하는 사람, 그 자리에서 콕 쓰러지면 쓰러졌지 남에게 절대 아쉬운 소리 못 하는 사람, 자로 잰 듯 너무 정직하고 정확해서 오히려 손해를 보거나 피곤해지는 사람. 당신도 이 중 한 사람이라면 조직 안에서 이렇게 사는 것이 왜 나쁜지, 왜 힘든지 알아야 한다. 이렇게 경우 바르고 앞뒤 싹싹 쓸고 닦아서 깔끔한 사람들은 오히려 그것이 자신의 한계가 되어 더 이상 성장하지 못한다.

실제로 능력을 인정받고 승진도 잘하는 여성들을 보면 단순히 지적 능력이 뛰어나 일을 잘하기 때문에 잘 풀리는 것이 아니다. 여간 해서 남들이 잘 하지 않는 일을 적극적으로 하고, 밉상이지 않으면서도 눈에 띄려고 엄청나게 노력하고, 스스로 능동적으로 움직였다는 공통점이 있다. 하지만 아주 긍정적인 방향으로 움직였는데도 여성 동료들의 뒷담화는 그리 우호적이지 못한 게 안타깝다. "내 저럴 줄 진작에 알아봤다니까. 입사 초기부터 뻔뻔하기가 하늘을 찔렀다니까."

'뻔뻔함의 긍정학'을 모르고 하는 소리다. 남자들은 이것을 잘 이용할 줄 안다. 실력도 없이 얌전히 '입 운동'만 한다고 잘 풀리는 것은 아니다. 실력도 있고 업무능력도 있지만 중요한 것은 그런 빛나는 가치들을 적절한 순간에 드러낼 수 있어야 한다는 것이다. 평소에는 겸손하고 묵묵히 남보다 더 열심히 하다가도 자신의 노력과 공을 바탕으로 승진이나 보직이 결정되는 일에 대해서는 확실히 적극적으로 자기주장을 하는 것이다.

이것을 '뻔뻔함'이라고 생각한다면 큰 착각이다. 평소 궂은 일엔 쏘옥 빠지고 생색나는 일에만 앞서서 공을 나눠 가지려 했던 행동, 늘 자기 일을 남한테 해달라고 부탁은 잘 하면서 정작 자기 일을 잘 도와준 사람의 부탁은 요리조리 피하는 행동, 당신은 그런 행동을 한 적이 없는지 반성할 일이다. 사실 그런 게 진짜 뻔뻔한 거다.

앞서 말한 행동은 뻔뻔함이 아니라 '정당한 자신감'이자 '강한 적극성'이다. 하지만 표현이야 어떠하든 직장생활에서 여성들은 소소한 부분에서도 확실히 좀 뻔뻔해질 필요가 있다. 여기저기 눈치 보느라 남아도는 휴가 확실히 챙기기, 어차피 쓸 수 없는 휴가라면 돈으로 꼼꼼하게 챙겨 받기, 회사 돈을 내 돈처럼 아끼지 말고 할 수 있으면 회사 주머니 최대한 열기 등 찾아보면 뻔뻔하게 실속 차릴 일이 아주 많다.

인간관계에서도 좀 뻔뻔해지자. 선후배나 동료 사이에 신세 지는 것을 거의 병적으로 부담스러워하는 여성들, 꼭 있다. 신세를 지면 바로 갚아야 하고 부담이 되면 부담이 되니 받을 수 없다고 떨리는 목소리로 말한다. 별일도 아니고 별 혜택도 아니지만 받는 사람에게 꽤 쏠쏠한 도움이 되는 그런 일이 있는데, 사람 사이에 흔히 생겨날 수 있는 그런 일들을 능숙하게 받아들이는 데 서툴러 꼭 체하고 마는 사람, 꼭 있다. 이런 사람은 '주지도 않고 받지도 말자'가 신조인 것이다. 이들 앞에서 어떻게 도움을 청

할 수 있으며, 어떻게 도움을 줄 수 있으며, 어떻게 편히 밥 한 끼 먹을 수 있을까. 너무나 양심적이고 도덕적인 이들은 또 남들의 실수도 제대로 봐주지 못하니 상대하기 너무 힘들다.

물론 이런 사람들이 많아서 깨끗한 조직, 깨끗한 기업, 깨끗한 나라가 되는 것은 우리의 이상이다. 하지만 그런 이상을 만들어나갈 때까지 어떻게든 붙어서 살아남아야 한다. 그러기 위해선 생존에 필요한 기술을 습득하고 써먹지 않을 수 없다. 그렇다고 그런 것들이 비도덕적이고 양심에 털 난 행동은 아니다. 조금 더 유연하고 편안해지자. 그렇게 온몸의 솜털까지 곤두세우고 '도덕'과 '양심'을 외치지 말자. 오히려 조직 안에서는 좀 그래줘야 한다. 선수들은 이미 아실 것이다.

회사의 돈, 내 지갑으로 불러들이기

❶ 사내의 다양한 제도를 십분 활용하라

직원들의 선의의 경쟁을 위해 마련된 다양한 포상제도, 직원들의 업무능력 향상을 위한 교육제도 등 시스템이 잘 된 회사일수록 이런 제도들이 즐비하다. 공짜로 외국어 공부도 할 수 있고 나중에 두고두고 써먹을 수 있는 기능을 배울 기회도 있다. 이런 제도를 그냥 흘려버리지 말라.

❷ 회사와 연관된 시설 100% 활용하라

회사의 배려를 눈치껏 나에게 맞춘다. 예를 들면 일정액의 진료비를 회사에서 부담하는 제도가 있다면 가장 부담되는 치과치료를 한다.

❸ 회사의 룰을 최대한 이용하라

소소한 금액이 모이면 적금통장이 된다. 회사가 나에게 주는 이득을 꼼꼼히 챙기자. 회사 내에 헬스장이나 요가시설이 있으면 몸매관리비 절약하고, 저렴하게 공급되는 시설이나 콘도를 싸게 예약하는 법 등을 실속 있게 미리미리 알아두고 이용한다.

뇌물과 선물은 한 끗 차이다

"길을 걷다가 문득 마음에 드는 물건을 발견하고, 그것과 어울리는 사람을 떠올리고, 그것이 선물이 되는 모습을 상상하는 내 마음의 행로. 이처럼 나에게 선물이란, 그 사람에게 다가가는 마음의 길이다. 그것이야말로 '진짜 선물' 이다."

피아니스트이자 작곡가인 노영심이 쓴 책 《선물》에 나오는 글이다. '이런 것도 그렇게 훌륭한 선물이 될 수 있다니…' 하는 생각이 들 정도로 한 사람 한 사람에게 꼭 맞는 맞춤 선물을 준비하여 사람들을 감동시키는 것으로 알려진 노영심이 선물에 대해 내린 나름의 결론이다.

이렇듯 여성은 남성보다 본능적으로 선물에 대해서 예민하고 친밀하다.

받는 것을 좋아하는 것은 물론 정성스럽게 준비하는 과정을 즐기고 그것을 받고 기뻐하는 사람의 모습을 바라보는 것을 즐기는 것도 남성보다는 여성이다. 여기서 굳이 '주는 것'을 평생의 운명으로 지닌 모성(母性)과 연관 지어 말할 필요는 없지만, 여성들은 분명 남에게 무엇인가를 선물함으로써 남성보다 오래 기뻐하고 즐기는 어떤 면을 가지고 있다.

사회생활을 하다 보면 고마움의 답례, 감사의 답례, 혹은 '아~무 이유 없이' 그냥 주고 싶어질 때가 있다. 추석과 설 명절에 으레 주고받는 선물뿐만 아니라 평상시 즐겁게 선물하는 방법은 없을까. 평상시에 소소하게 하는 선물이 명절이나 연말연시에 하는 형식적인 선물보다 사실 더 사람을 감동시킨다. 생각지도 않게 받는 의외성은 선물의 의미를 더 크게 포장해주기 때문이다.

하지만 선물도 직장생활이나 사회생활에선 잘해야 한다. 잘못하면 '뇌물'로 둔갑하기가 여우가 호랑이 탈을 쓰는 것보다 더 쉽기 때문이다. 그렇기 때문에 정확한 규칙은 없지만 적정한 선의 룰을 지키는 것이 무엇보다 중요하다. 부담스럽게 보이지 않도록 적정한 친밀감의 '선'을 지켜야 한다.

달력이나 볼펜 등 업무 관련 사무용품은 언제나 안전한 선택이다. 이런 선물이 밋밋하지 않나 싶지만, 평소에 부담 없이 나눌 수 있는 선물로는 그만이다. 또 영화 티켓을 싫어하는 사람은 거의 없다. 상대의 이름으로 어딘가에 기부금을 냈다는 확인서를 주는 것도 흔치 않고 인상 깊은 선물이 된다.

지나치게 친밀함이 느껴지는 옷이나 바디로션 등 목욕용품은 되도록 피한다. 특히 이성의 동료나 상사에겐 이런 선물이 당혹스러울 수 있다. 또 업무 중에 선물을 돌리는 것은 가장 나쁜 선물이다. 업무에 방해가 될 뿐더러 서로 선물을 비교해보면서 "저 사람한테 더 좋은 것을 줬네"라는 소리를 듣게 되면 안 하느니만 못하다. 또 잘못해서 뇌물로 둔갑할 소지가 아주 크다.

선물은 주기도 쉽지만 받는 일도 잦다. 선물을 받았을 때 필수조건은 답례나 감사 표시를 하는 것이다. 마음으로만 감사한다고 그 감사를 상대방이 알 리 없다. 어릴 적 부모님에게 "감사합니다 해야지?" 하는 소리를 누구나 한번쯤은 들어봤을 것이고, 성인이라고 '감사'의 중요성이 덜할 리 없다. 나에겐 정말 필요 없는 선물을 받게 될 수도 있다. 치열하게 살과의 전쟁을 벌이고 있는데 케이크를 준다면? '처치곤란'이다. 하지만 찡그리지 말고 감사히 받아라. 다른 사람에게 선물로 주는 재활용 전략을 쓰면 되니까. 단, 선물을 준 사람과 전혀 관련이 없는 사람에게 주는 정도의 '센스'를 지키면 된다. 그리고 무조건 준 사람에게 감사 쪽지나 문자메시지를 보내라. 내년엔 더 좋은 선물을 받게 될지 누가 아는가.

또한 청탁에 대한 답례는 반드시 빨리 해야 한다. '잘 받았다' '수고했다' '고맙다' '덕분에 무사히 끝났다' 같은 간단한 말들을 타이밍 놓치지 않고 적절한 시기에 하는 것은 대단히 중요하다. 사람이 화장실 갈 때 다르고 올 때 다르다고, 급할 때는 상대방의 처지나 형편은 고려하지 않고 애원했다가 그 일이 해결되면 또 다른 급한 일로 깜빡 답례를 잊고 차일피일 미루는 경우가 있는데 이러면 뒷소리 듣기 딱 좋다.

　사소하다고 그냥 넘어갈 수 있는 일도 많다. 하지만 이것을 잘 챙겨라. 사내에서는 복사나 팩스 전송, 우편물 송부, 자료 찾기, 업무 관련 문의 같은 일, 외적으로는 누구를 소개시켜 달라든가, 무슨 티켓을 구해달라든가 하는 일이 있을 수 있는데 '그 정도야 그 사람과 나 사이에 해줄 수 있는 거지 뭐' 하고 대충 넘어가면 안 된다. 아무리 작은 일도 부탁은 부탁이기 때문이다. 부탁을 받은 사람은 그 일을 위해 시간과 노력을 아끼지 않았고, 또 두세 다리 건너서 다른 사람에게 부탁하면서 무리했을 수도 있다. 큰일은 아니지만 내가 해주기 싫거나 까다로운 일은 남도 귀찮고 하기 싫은 법이다. 부탁을 쉽게 생각하고 부탁해놓고 감사할 줄 모르면 당신은 금방 주변 사람들에게 '찍힐' 수 있다.

　섭섭하고 야속한 기분이 드는 것은 작은 일에서 시작된다. 무슨 일을 부탁했든지 즉각 감사인사를 해야 한다. 결과가 좋았다면 좋은 대로 감사하고, 결과가 안 좋았다면 반드시 자기 형편이나 사정이 이러이러했다는 것을 알려주며, '그래도 바쁜데 수고해줘서 고마웠다'라는 말 한마디는 해야 부탁을 들어준 상대방이 오해하지 않는다.

　선물은 평상시에 부담 없게, 답례는 빠르게! 선물이 진정한 선물이 되게 하는 방법이다.

부담 없는 선물 베스트 3

❶ 당신을 기억한다는 것을 느낄 수 있는 선물

그림을 좋아하는 상사라면 갤러리나 전시회 관련정보를 메일로 보내주고, 혹 전시회라도
다녀오면 팸플릿 같은 것을 가져다주는 센스!

❷ 작고 소소한 것들

연필이나 볼펜, 포스트잇, 메모지 같은 사무용품, 한꺼번에 일정량을 구입해야 배송료가
면제되는 화장품 팩제, 티백으로 된 차 같은 것은 몇 개씩 나누기 쉽다. 모두 피곤해보이
는 오후, 초콜릿이나 사탕 한 개 돌려보라. 얼굴에서 어느새 다들 화색이 돈다.

❸ 정성 담긴 음식

누군가(엄마면 더욱 좋다) 정성을 담아 만든 음식. 집에서 만든 모과차, 유자차, 대추차
같은 차 종류, 말린 견과류 같은 것은 임원급 상사에게 드려도 부담 없이 주고받을 수 있
는 것이다. 선물에서 '정성'을 빼면 또 뭐가 남으랴.

사내연애,
가상의
시나리오를
써보자

사내 커플, 알려야 하나? 관계가 틀어질 경우 냉랭한 분위기를 어떻게 수습할지 생각해보라. 상사가 당신들을 찍을 수도 있다. 둘이 남아 일을 해도 동료들은 연애만 한다고 눈총을 준다. 알리는 것도 힘들고 숨기는 것도 힘든 게 사내연애다. 사내 커플의 보안 유지는 고수들에게도 고난도 작업이다. 남의 연애사에 유달리 민감한 올드미스까지 존재한다면 게임 끝이다. 시작하기 전에 한 번 더 손익계산을 분명히 해보자. 이 사람 아니면 죽을 정도가 아니라면 사내연애를 했을 때 다가올 '쓰나미'를 예상해보자는 것이다.

왜 회사들은 사내연애를 금지하는 조항을 없애지 않을까. 문서화된 사내연애 금지조항이 없다고 해서 안심해서는 안 된다. 사내연애 당사자들은 공적인 업무에 지장을 주지 않는데 무슨 문제냐고 할 수 있지만, 인사고과 평점은 낮게 책정돼 있을 수도 있다. 물론 회사는 거기에 '사내연애 때문'이라고 이유를 달진 않지만, 언제든 사내연애의 눈총이 '업무 태만'이란 지적으로 당신을 괴롭힐 수도 있음을 잊지 않아야 한다.

만약 사내연애의 대상이 남자상사라면 조금 더 고민해야 한다. '소파승진'이란 누명을 쓰기 딱 좋다. 또 입사동기와 연애 중이라면 그 남자가 당신보다 먼저 승진할 수도 있는데 쿨하게 받아들일 수 있겠는가? 당신은 여전히 대리인데, 그가 과장으로 승진한다면? 받아들이기 쉬운 기분이 아니다. 반드시 가상의 시나리오를 만들어서 그 기분을 최대한 가깝게 느껴봐야 한다.

만약 사내연애가 잘 안 되어 깨졌을 때의 가상 시나리오도 필요하다. 이상한 소문의 주인공이 되었을 때 그것을 어떻게 잠재울 수 있을지, 헤어진 상태에서 상대방을 만났을 때 액션을 어떻게 취할지, 심각하고 까다로운 이 질문에 대해 깊이 생각하는 시간이 필요하다.

그러나 연애는 '교통사고'와 같아서 언제 어느 때 일어날지 아무도 알수 없다. 생각할 겨를도 없이 찾아온 감정이 빠르게 커가고 있다면 그냥절대 들키지나 말자.

기본 수칙은 둘만 함께 있는 모습을 절대 들키지 말아야 한다는 것이다. 회식, 사내 엠티에 단 둘이 빠지는 것도 절대 금물이다. 휴대폰은 무조건 나가서 받으며 각각 다른 사람과 연애하고 있는 것처럼 보이게 한다. 그리고 회사 근방 5km는 데이트 금지구역이다. 직원들이 자주 가는 번화가에는 얼씬도 하지 말 것이다. 사내에서 몰래데이트를 즐기는 이들의 비법은 휴대폰과 메신저의 철저한 관리에 있다. 행여 누가 볼까 휴대폰은 찰떡같이 몸에서 떨어뜨리지 않고, 연인의 이름도 가명으로 저장한다. 만약을 대비해 잠금 장치도 필수다. 메신저 대화명을 하루에도 예닐곱 번씩 바꾼다.

서로를 '애기야'와 '자기야'로 부르다 들통 난 케이스도 있는데 급할 때 닭살 돋는 애칭이 불쑥 튀어나온 것이다. 급박한 상황에서는 무의식적으로 입에 붙은 호칭이 튀어나올 수 있다. 아무리 가까워져도 호칭만은 공적인 호칭, 과거의 것을 사수해야 한다. 복도에서 연인이 걸어올 때면 싫어하는 사람의 얼굴을 떠올리며 얼음공주가 되어 더 깍듯이 대한다는 사람도 있다. 현장을 들키지 않는 한, 눈초리만으로 커플임을 짐작하는 고수는 그리 많지 않다. 아침 출근길에 끊임없이 마인드컨트롤을 하며 연인을 머릿속에서 지운다.

커플링이나 커플 휴대폰 고리를 달고 광고하는 어리석음을 범하는 사내 커플은 없을 것이다. 이뿐만 아니라 물건을 빌려주고 빌리는 일도 삼간다. 옆자리 후배가 읽던 책을 며칠 후 다른 팀 동기가 들고 다니는 모습에 사내연애의 낌새를 눈치 채는, 혀를 내두르게 하는 '눈치쟁이'들이 있으니 조심하자. 또 MP3나 우산 등 작은 소지품이 빌미를 제공할 수 있으니 웬만하면 주지도 말고 받지도 말자.

남자들과 여자들이 한 공간에서 반나절 이상을 부대끼는데 어찌 연애사고가 한 번도 발생하지 않겠는가. 처음에는 대개 일과 사랑을 구분해야 한다는 생각으로 직장생활을 시작하지만 회사 내에서 이상형을 발견했을 경우에는 직업관이고 이성이고 뭐고 머릿속에 들어올 리 없다. 그렇게 사내연애로 결혼까지 간다면 좋겠지만 그대로 이별하는 커플도 많다. 그리고 대부분 좋은 일로 헤어질 리 없으니 이별 후에 같은 직장에서 함께 근무한다는 것은 그야말로 생지옥이 따로 없다.

그래도 가능하면 버텨라. 시간이 해결해준다. 일과 사랑을 섞어서 이도 저도 먹을 수 없는 이상한 비빔밥을 만들지 않는 것이 일을 사랑하는 프로의 자세다. 사내연애를 하다 헤어졌을 때 고통을 피하는 방법으로 가장 먼저 떠올리는 것은 바로 '회사를 그만두는 것'이다. 게다가 사귀던 사람이 상사였다면 더욱 이러한 궁지에 몰리기 쉽다. 그렇게 사랑스럽던 전 애인이 이별에 대한 복수로 야비한 상사 혹은 잔인한 동료로 돌변한다면 정신건강을 위해서 사직서를 생각해 볼 수 있겠지만 만약 그가 특별한(?) 계획을 실행하지 않는다면 회사에서 버텨야 한다. 그 직장이 자신에게 잘 맞는다면 더욱 그렇다.

이는 사무실 내에서 헤어진 애인과 동료로서 잘 지내는 방법을 모색해야 한다는 의미다. 물론 "모두 괜찮아"로 일관하는 것은 괴로운 일이다. 그러나 좀더 '프로페셔널한 척' 할 필요가 있다. 그럴 배짱이 없다면 당장 키워야 한다. 무엇보다 최대한 태연하게 행동하는 것이 중요한데, 가십을 만들어내기 좋아하는 동료들이 항상 자신의 움직임을 주시하고 있다는 것을 기억하라. 가장 나쁜 상황은 전 애인이 회사를 그만두도록 만드는 것이다. 당신이 취할 수 있는 가장 좋은 자세는 그가 이러나저러나 상관없다는 반응을 보이는 것이다.

'아, 이걸 다 해야 한다니….' 터질 듯한 긴장감에 너무 복잡해서 괴로운가? 하지만 그것이 사내연애의 진수 아니겠는가. 이 모든 것이 괴롭고 싫다면 안 하면 그만이지만 사람 마음이 또 어디 그렇게 쉬운가. 이왕 '교통사고 나서 활활 타오른 불'이라면 어려워도 번지지 않게 잘 관리하며 가야 한다. 한시도 늦출 수 없는 긴장감에 머리며 가슴이 터질 듯해도 하는 수 없다. 돌아서면 달콤한 '그대'가 가까이 있지 않은가. 힘이 들다가도 힘이 불끈 솟을 수밖에.

사내에서 이런 남자 사귀지 말자

1 직급이 높은 상사

사장이나 이사급 이상의 나이 많은 유부남. 나에게 아무리 더할 수 없이 운명적인 로맨스일지라도 남들에겐 불륜 그 이상도 이하도 아니다. 소파승진이란 누명을 피할 길이 없다.

2 왕따 상사

그는 연인이 아니라 외로워서 그냥 친구가 필요할 뿐이다. 사무실에서 아무도 그와 놀아주지 않기 때문이다. 연민과 연애를 혼돈하지 말 것.

3 바람끼 있는 남자

방금 전에 나에게 뻐꾸기 날린 그 남자, 10분 후엔 내 후배에게 뻐꾸기 날린다면 속 썩을 일만 남은 거다.

4 뭐든 '비밀이야'를 외치는 남자

어제 저녁 밥 먹은 것, 조그만 선물 사준 것, 별 시시콜콜하고 사소한 것까지도 '이건 비밀이야'를 외치는 남자. 뭔가 켕기는 게 많은 거다.

5 빅마우스를 가진 남자

온갖 일을 미주알고주알 떠벌이는 남자. 헤어지고 나도 수습하기 어렵다. 얼레꼴레리 할 일이 많아져 얼굴 들고 못 다닌다.

Chapter
4

이미지를 바꾸고픈 당신,
자신을 돌아보라

내가 아무리 '희다' 고 해도 조직은 '검다' 고 받아들인다.
내 이미지가 이미 '검다' 고 말하고 있기 때문이다.
겉으로 보이는 것은 그만큼 아주 중요하다.
당신을 믿게 하고 싶다면,
조직생활에 어울리는 인재로 이미지를 리모델링하라.

인물,
인상으로
바꿀 수
있다

과일 가게에 사과를 사러 갔는데 잘 닦여 반짝반짝 붉은 빛을 내는 사과와 흠집이 여기저기 있고 먼지까지 뒤집어 쓴 사과가 있다면 당신은 어느 것을 집어 들까? 당연히 반짝반짝 붉은 빛으로 윤기가 도는 사과를 사겠다고 할 것이다. 미국의 유명한 정치가 벤자민 프랭클린은 "먹는 것은 자기가 좋아하는 것을 먹되, 입는 것은 남을 위해서 입어야 한다"라고 했다.

요즘은 작은 물건 하나를 사도 기본이 2중 포장이다. 3중, 4중일 때도 적지 않다. 슈퍼에서 파는 쿠키 하나만 봐도 종이상자 안에 얇은 플라스틱 그릇이 있다. 그 안에 다시 낱개씩 비닐포장된 과자가 있다. 과자는 12개밖에 안 들었는데 다 먹고 나면 포장지가 수북한 경험을 누구나 해봤을 것이다. 이렇게 과자 하나도 외부로 보이는 디자인과 포장이 중요한 세상이다. 처음 보는 과자일 때는 맛보다 겉포장이 맘에 들어 사게 되는 경우도 종종 있기 때문이다.

물론 개인의 이미지나 인상은 먼저 내면적인 가치가 아름다울 때 빛이 난다. 하지만 실력이 있어도 그 실력을 효과적으로 이미지화하는 데 실패한다면 자신의 좋은 가치들은 과소평가될 수 있고 그래서 여러 가지 좋은 기회를 잡기 어려울 수 있다.

자신의 이미지를 관리할 줄 아는 사람들은 단순하게 허영과 사치로 자신을 감싸지 않는다. 상대에 대한 성의와 존중 그리고 무엇보다 자신의 역할에 대한 이미지를 상대가 연상할 수 있도록 준비와 관리가 철저하다. 친절과 성품이 배어나는 얼굴 표정, 진심이 들어 있는 눈빛, 자신감 있는 제스처와 당당한 태도, 일을 맡겨도 안심이 되는 신뢰감 등은 잘생긴 얼굴, 자기 스타일이 살아 있는 옷차림이나 화장, 은은하게 나는 좋은 향수 이상의 효과적인 패션이며 이미지 전략이다.

아무리 젊고 예쁘고 잘생겼어도 침울하다거나 평소 짜증이 심한 사람의 얼굴은 금방 표가 난다. "저 사람 조실부모(早失父母)했나? 나이도 젊은데 왜 어릴 때 고생을 많이 한 얼굴이냐? 생기도 없고 너무 축 쳐지고 지쳐 보여." 이제 겨우 20대 초반을 갓 넘은 얼굴에 그런 소리를 듣는다면 기분이 좋을 리 없다. '조실부모하고 고생한 얼굴'이란 소리를 듣지 않으려면 평소 꾸준히 좋은 생각과 자세로 깨끗하고 좋은 인상을 갖도록 노력해야 한다.

먼저 매일 아침 거울을 쳐다보면서 생기 있는 표정으로 환하게 웃는 연습을 하자. 중국 속담에 '웃지 않으려면 가게 문을 열지 말라'는 말이 있다. 하지만 여기서 한걸음 더 나가자. '웃지 않으려면 잠자리부터 일어나지 말라.' 연예인들만 밝은 웃음이 필요한 것은 아니다. 전문가들은 웃을 일이 있어야 웃는 것이 아니라, 자꾸 웃다 보면 웃을 일이 생긴다고 한다. 억지로라도 웃다 보면 자율신경이 이완되어 긴장을 완화시키고 혈액순환을 원활하게 해 기분을 좋게 하니까 절로 웃음이 나온다는 과학적 결론도 있다. 그리고 한 가지 더! 예뻐진다. 분명히.

여기에 보태어 오늘부터 존경심과 감사한 마음이 깃든 인사를 시작하라! 일단 정확한 시간에 바로 업무가 시작될 수 있도록 충분한 여유를 갖고 출근하는 것이 활기찬 아침인사의 기본이다. 출근하는 동료들에게 밝고 친절한 인사를 먼저 건네는 습관을 들이면, 업무 이후 만나야 할 고객과도 자연스럽고 몸에 밴 인사를 나눌 수 있다. 이것은 남에게 잘 보이려는 노력이기보다는 인사를 함으로써 나 스스로 즐겁고 활기찬 하루를 만들어가려는 능동적인 자세이다.

재미있지만 끔찍한 통계 수치가 있다. 사람은 하루에 5만 가지 이상을 생각하는데 이 5만 가지 생각 중에서 80% 이상은 부정적인 생각이라는 것이다. 게다가 90%의 사람들은 이러면서 하루를 매일 반복한다. '나는 살을 더 빼야 해' '오늘 이 옷을 입고 오는 게 아니었는데. 너무 빈티나' '아, 이번 연봉 협상도 왠지 불길해. 안 오를 것 같아' 따위의 부정적인 생각이 우리를 위축시키고 고민하게 하고 속으로 주름지게 만든다. 이 주름이 다시 어디로 갈까. 갈 곳은 한군데, 얼굴밖에 없다.

자기 자신에 대해 자긍심을 잃은 사람은 자신을 아름답다고 느끼는 내면의 광채가 부족하게 된다. 자긍심에서 우러난 당당한 태도는 아름다워지는 데 필수조건이다. 자신이 아름답다고 느끼고 아름답게 행동할 때, 비로소 아름다워지는 법이다. 말 한마디, 부드러운 눈빛 하나, 활기찬 목소리, 긍정적인 자세, 적극적인 노력, 이러한 평소 사소한 생활습관이 오랜 세월 반영되어 자신의 이미지가 되고 브랜드가 된다. 아무리 좋은 옷을 입고 화장을 해도 내 인상은 나의 삶을 그대로 보여준다는 점을 잊지 말자. 긍정적인 마음가짐이 한 벌의 럭셔리한 옷이 되도록 나를 끊임없이 가꾸자. 긍정의 힘은 당신을 빛나게 할 가장 좋은 소재의 옷감이다.

자신을 사랑하는 말하기 습관

■ 진실하게 말하자
화려한 미사여구보다 진실한 마음이 담긴 한마디가 상대를 감동시킨다. 그리고 말하는 나도 편안하고 거리낄 것이 없다.

② 쉽게 말하자
아름다운 문장으로 멋지게 말해야 한다는 강박관념을 버리자. 저절로 자신감이 생긴다.

③ 나만의 스타일로 말하자
개성이 살아 있는 말하기는 상대나 청중의 주목을 받는다. 주목받는 내가 자랑스럽다.

④ 거절과 부탁은 거리낌 없이 하자
능력 밖의 부탁은 우물쭈물하지 말고 즉시 거절한다. 그래야 스트레스 없이 살 수 있다. 다만 부탁을 들어주지 못해 미안하다는 마음을 전하고 예의바르게 거절해야 한다.

⑤ 감성언어로 말하자
"인상이 좋으시군요" "역시 ○○씨가 최고예요" "뭐 도와드릴 거 없을까요?" "○○님 덕분이예요" 같은 감성언어들은 듣는 사람도 기분 좋게 하고 긍정적인 말하기 습관을 만든다.

책상을
내 방처럼
꾸미지
말라

　레이스 달린 방석, 핑크 쿠션, 테디 베어 장식이 있는 액자에 담긴 가족 사진, 발밑에 보글보글한 털이 있는 슬리퍼, 알록달록한 예쁜 머그잔 등으로 둘러싸인 책상. 포근해보인다. 여성으로서 무난한 취향이고 그녀의 애인이 본다면 나름대로 사랑스러운 컨셉이다. 하지만 사무실이 이런 모습이라면 말이 달라진다.

　많은 직장여성들이 사무실을 자신의 개성을 살려야 할 집으로 생각한다. 하루 중 8시간 이상을 보내야 하는 이 소중한 공간을 꾸미는 데 시간과 노력을 아끼지 않는다. 여성은 '미(美)'에 대해 얼마나 관심이 많은가. 그러다 보니 사무실, 혹은 자신의 책상 주변을 더욱 따뜻하고 편안한 공간으로 연출하려는 데 거의 본능적이다. 하지만 회사라는 조직은 기능을 중요시한다. 기능에는 '성(性)'이 배제된다. 그래서 여성성이 양념처럼 긍정적으로 표현되면 문제가 없지만, 기능적이지 못하면서 여성적인 취향만 잔뜩 드러낸 꾸밈은 신뢰감을 주지 못한다.

또 책상 정리는 하나의 '결단' 문제다. '버릴 것인가 보관할 것인가'를 끊임없이 고민하지 않으면 잡동사니들이 서서히 책상을 점령하기 때문이다. 하지만 '고민'하라고 해서 버릴 것인지 혹은 남길 것인지를 판단하는 데 너무 많은 시간을 소비해서는 안 된다. 시간을 들일수록 판단력이 흐려지고 과감한 결단에 어려움을 겪게 된다. 아무리 길어도 되도록 1분 안에 판단하는 습관을 갖자. 우선 책상 위를 어지럽히고 있는 잡동사니부터 해결한다.

하지만 정리할 것은 단순히 책상 위만이 아니다. '제2의 책상'인 컴퓨터도 그냥 둘 수 없다. 책상이 지저분한 사람은 컴퓨터도 지저분하게 쓰는 경향이 있는데, 혹시 가슴이 뜨끔해지는 여성은 반성하자. 업무 종류에 따라 폴더를 따로 만들고, 파일 이름을 붙일 때도 이해하기 쉽게끔 작업해두는 것이 좋다. 필요 없는 파일이나 메일은 부지런히 지우며 정리하는 센스와 요령도 필요하다. 특히나 컴퓨터 정리는 한 번에 쉽게 할 수 있는 것이 아니므로 되도록 그때그때 해두는 것이 좋다.

이런 기본적인 정리를 마쳤으면 살짝 자신만의 이미지를 연출해보는 것도 좋다. 사무실이나 책상에는 그 사람 나름의 성격이나 그 사람이 중요하게 생각하는 것이 반영되기 마련이다. 하지만 그 회사가 실내 인테리어를 전문으로 해주는 회사가 아닌 이상 취향이나 개성을 그대로 반영하는 것은 마이너스가 될 수 있다. 회사의 성격과 문화를 판단하는 것은 사무실이나 책상을 어떻게 꾸밀까를 고민하는 일보다 더 중요하다. 보수적인 대부분의 회사들은 직원들이 따로 준비할 필요 없이 이미 갖추어져 있는 것만으로 충분한 경우가 많다. 꼭 놓고 싶은 물건이 있다면 튀지 않는 색상의 디자인이 좋다. 창의적이고 자유로운 회사 분위기라면 좀더 대담하게 튀는 인테리어를 해도 괜찮다.

책상 위를 굴러다니는 휴대폰은 너무 자리를 많이 차지하지 않는 깔끔한 디자인의 거치대로 정리한다든가, 핸드백을 마땅히 둘 곳이 없을 때에는 책상 옆에 걸이를 부착해 걸어놓으면 편리하게 사용할 수 있다. 보수적인 회사라도 허용할 최소한의 장식만을 고른다면 사진 정도가 될 수 있다. 기혼여성의 경우 가족사진을, 미혼여성의 경우 자신이 기르는 애완동물 사진 정도도 나쁘지 않다. 인간적인 면을 부각시킬 수도 있고 다른 사람과 대화할 때 좋은 시작이 될 수도 있기 때문이다.

사무실이나 책상은 늘 나를 볼 수 있는 또 하나의 중요한 창이다. 책상을 항상 깨끗하고 깔끔하게 유지하자. 당신이 없는 자리에서도 당신은 빛날 수 있다. 당신의 책상이 이미 체계적이고 유능하다는 인상을 주기 때문이다.

책상을 깔끔하게 쓰는 평소 습관

1 메모지에 적은 중요 내용은 그때그때 다이어리나 수첩에 옮겨 적고 메모지는 버린다.

2 필요 없는 물건은 과감히 버리거나 주위 사람에게 선물하자. 인기도 얻고 일석이조의 효과를 거둘 수 있다.

3 주요 업무를 마치면 관련 서류를 폐기하거나 서류철에 보관한다.

4 일주일에 한 번 혹은 한 달에 한 번 정도 '정리의 날'을 정하고 필요 없는 것들을 버리도록 하자.

가방의
크기가
당신을
보여준다

이제부터 어디서나 일어날 법한 사건 하나가 당신에게 일어났다고 가정하자. 퇴근시간이다. 직장동료들과 회식을 하려고 복잡한 거리를 걷고 있는데, 맞은편에서 급히 달려오던 사람이 내 어깨를 생각보다 세게 치고 지나간다. 그 바람에 내 어깨에 걸쳐 있던 핸드백이 떨어지며 그 안에 있는 온갖 물건들이 다 튀어나왔다. 놀라서 미안하다는 말 한마디만 남기고 총총히 사라지는 그 '꽤썸남'의 뒷모습을 잠시 바라보는 동안, 친절한 동료가 같이 담아준다고 허리를 구부렸다. 허걱! 이때 당신의 가방 속 내용물, 누구에게 보여도 부끄러운 것이 없는가? 누구라도 봐주었으면 하는 자랑스러운 것들이 있는가?

자, 이제부터 느닷없이 당신의 가방 검사를 시작하려고 한다. 학창 시절의 가방 검사가 아니다. 담배가 있다고 빼앗을 것도 아니고 야시시한 불온 서적을 찾아내 같이 얼굴 붉힐 뜻도 없다. 이런저런 화장도구는 당연하게 있을 것이고, 용도별로 갖고 있는 여러 카드와 포인트 카드까지 주르륵 꽂힌 지갑도 당연히 있을 것이고, 휴대폰은 현금보다 더 중요한 필수품이리라. 그 중요한 기본 세 가지 빼고, 그 다음이 바로 당신의 가방 속 경쟁력이다. 그런데 핸드백에 그것 말고 다른 것은 담을 공간이 없다고? 물론 안다. 그렇기 때문에 당신의 가방 크기부터 다시 생각해야 한다. 조그만 핸드백이 아니라 커리어우먼에게 걸맞은 큼직한 비즈니스백을 이 시점에서 장만해주어야 한다. 거기에 쓰일 물건이 차곡차곡 가지런히 들어 있는 것을 상상하는 즐거움, 너무 크지 않나.

맨 먼저 다이어리. 다이어리나 수첩은 시간을 만드는 도구라고 할 수 있다. 수첩을 단순히 기록하는 도구로 얕잡아 본다면 빽빽하게 써넣은 내용을 보며 한숨지을 수밖에 없다. 다이어리의 기능도 이제 단순히 업무를 기록하는 차원에서 벗어나 조금 더 팔방미인의 능력을 자랑해야 한다. 다양한 자기계발을 통해 '회사 구성원'이 아닌 '1인 전문가'로서 스케줄을 잡을 필요가 있다. 그런 의미에서 다이어리는 업무 기록을 넘어 인생을 설계하는 도구로 활용될 수 있다.

다이어리는 시간을 1시간 이하의 작은 단위로 쪼개어 철두철미하게 활용하는 데도 필요하지만 한 주, 한 달, 일 년, 길게는 인생의 중단기 계획까지 기록하고 실천하는 데 용이하다. 목적과 용도를 생각해 적절한 제품을 구입해서 써보자.

두 번째는 포스트잇. 포스트잇은 매우 중요한 시간 활용 도구다. 누구나 사무실 책상 서랍 속에 하나쯤 챙겨놓고 쓸 것이다. 그러나 이제부터는 가방 속에도 한 묶음 챙겨 가지고 다니는 것이 좋다. 퍼뜩 떠오르는 '해야 할 일'이나 스치며 만나는 정보들을 적기에 제격이기 때문이다.

해야 할 일들을 포스트잇에 적어 다이어리에 붙여놓은 후, 그 일을 마쳤을 경우에 다이어리에 완료사항으로 적어놓고, 계속 되는 일들은 다음 주 공간에 옮겨놓는다. 만약 포스트잇을 전부 떼어냈다면, 해야 할 일은 완료한 것이다. 특히 이 작업은 자투리 시간에 나의 시테크 흐름을 돌아보고 단 2~3분이라도 허비하지 않는 습관을 들이기에 좋다.

포스트잇의 가장 큰 장점이 무엇인가? 붙였다 떼기 자유로운 메모지라는 것이다. 하나의 해야 할 일 항목마다 포스트잇에 적어, 일을 해야 할 순서에 따라 모아 붙일 수도 있다. 한 가지씩 일을 처리할 때마다 한 장씩 떼어내면 다음 해야 할 일이 그대로 눈앞에 착착 드러나니 한결 일을 처리하는 데 시간도 덜 들고 가닥도 쉽게 잡을 수 있게 된다. 그 작은 접착식 메모지를 우습게 여기지 말고 소중한 필수품으로 애용하라. 일일 계획표의 역할을 충분히 해낼 것이다.

세번째는 책. 당신의 가방이 작은 핸드백에 머물면 안 되는 이유가 드디어 나왔다. 크게 빈 시간이면 빈 시간대로 자투리 시간이면 자투리 시간대로 틈틈이 책 읽을 시간을 마련한다. 책 읽을 시간이 없다고 생각하는 사람일수록 가방 속에 책 한 권부터 넣고 다녀보자. 생각보다 책 읽을 시간은 많다. 읽는 것이 귀찮은 것이라기보다는 갖고 다니는 것이 귀찮은 것은 아닌지 반성하자. 자신에 대한 투자 중 책만한 것은 또 없기 때문이다.

물론, 누구에게 보여주기 위해서 책을 읽는 것은 아니다. 하지만 그냥 가볍고 보드랍고 말랑말랑한 책보다 자신의 커리어에 도움이 될 책, 자기 인생을 멋지게 산 사람들의 전기나 평전, 자신의 업무를 업그레이드시킬 실용적인 책 등 책 제목만 보고도 그 사람을 다시 보게 되는 그런 책들을 골라보는 것은 어떨까. 큼직한 숄더백을 채워주고 나의 내면을 키워줄 책은 이밖에도 얼마든지 많다. 늘 이런 스타일의 책을 가까이 함으로써 자극이 되고 격려가 되는 도구로 아낌없이 활용하자.

소재가
스타일의
승패를
가른다

누구나 그런 경험이 한 번씩은 있지 않은가. 늘 깔끔하게 차려입고 출근하다가, 어느 토요일 오후 좀 느슨한 차림에 '쌩얼', 내추럴한 헤어스타일로 잠깐 집 앞의 슈퍼에 나왔다가 늘 아침마다 마주치며 가슴 설레던 멋진 남성에게 딱 걸리는 그 비슷한 경험. 내 차림이 맘에 안 들고 부끄러운 날, 이상하게 중요한 사람을 만나는 경험은 누구에게나 한번쯤 있다.

이미지가 인상을 심는 데는 불과 7초밖에 안 걸린다. 그렇다. 당신을 만나서 7초 동안 사람들은 당신에 대한 신뢰성, 도덕성, 직업과 수입, 교육수준과 배경, 센스까지도 한꺼번에 꿰뚫는다. 사실 첫인상의 55%는 시각적인 것이기 때문이다. 첫인상을 두 번에 걸쳐 나눠준다는 것은 있을 수 없다. 그렇기 때문에 오늘도 내일도 아침에도 점심에도 자신의 이미지를 점검하는 습관이 필요하다.

우리를 시각적으로 가장 빠르게 드러내는 것은 옷차림이다. 비슷한 정장을 입고 비슷한 구두를 신고 비슷한 가방을 들고도 분명히 다른 이미지를 가진 두 사람이 있다. 한 사람은 우아하고 깔끔하고 고급스러워 보이는 반면, 한 사람은 어딘지 좀 추레하고 싸구려처럼 느껴진다.

이런 차이는 의외로 생각지도 못한 데서 일어날 수 있다. 바로 두 사람의 쇼핑스타일이다. 한 사람은 좋은 제품에 필요한 것이라면 돈을 좀 주고도 선뜻 구입하지만 필요 없는 것은 아무리 싼 것이라도 절대 사지 않는다. 다른 한 사람은 값비싸고 좋은 가방 하나를 살 바에는 차라리 예쁜 옷 한 벌 쫘악 빼입는다는 신조다. 여기서 차이가 난다.

옷 하나를 두고 보자. '좋은 옷'은 디자인도 디자인이지만 소재와 바느질을 중요하게 생각해야 한다. 오랜만에 '좋은 옷'을 한 벌 장만하겠다고 마음먹었다면 소재와 바느질을 살펴보아야 한다. 무엇보다 자신에게 잘 어울리는가가 가장 중요하지만, 그 다음으로는 소재와 바느질을 첫 번째 선택 기준으로 잡아야 한다. 어떤 태가 나느냐도 중요하고 안감은 어떤 것으로 마무리했는가도 중요하다. 그런 부분들이 잘 되어 있는 옷들이 보통 고급 옷에 속한다.

직장여성들의 정장은 기본적인 스타일이 있기 마련이다. 거기서 스타일의 승패를 가르는 것은 바로 '소재'다. 남성 정장도 마찬가지다. 옷을 이것저것 무수히 여러 벌 가지고 다양하게 입으려고 욕심내기보다는 좋은 옷을 잘 관리해서 색다른 액세서리로 변화를 주며 입는 편이 훨씬 고급스럽다. 그러려면 지나치게 유행에 민감한 옷들은 출근복으로는 적당히 자제해주어야 한다. 좋은 옷은 오래 입을 옷이다. 그렇기 때문에 기본적인 스타일을 중심으로 구색을 잘 맞춰 입을 수 있는 아이템으로 구입해야 한다.

구두, 가방, 스카프, 액세서리 모두 마찬가지다. 소재, 즉 품질이 중요한 물건들이다. 옷은 알맞고 깔끔하게 잘 차려입고는 광택이 나는 합성소재의 가방을 드는 것은 어울리지 않는다. 능력이 되는 한도에서 좋은 것으로 사라. '명품'만 좋은 물건은 아니다. 충분히 합리적인 가격에 좋은 물건이 많다. 그것을 고를 줄 아는 안목을 갖는 게 중요하다. 합리적인 구매계획을 세우고 제대로 물건을 골라 장롱 안에 쌓아두는 일 없이 두루 잘 쓸 수 있으면 된다. 이제 싸구려 열 개쯤은 버리자. 싸다고, 두 번만 입어도 본전 뺀다고 와르르 충동구매하는 것을 자제하자. 좋은 것으로 꼼꼼히 잘 고른 옷과 소품에는 애정이 가기 마련이다. 잘 관리해서 입고 싫증도 잘 내지 않게 된다. 그 정도가 된다면 비싼 값을 제대로 하는 것 아닌가.

또 나를 드러내줄 수 있는 물건은 책상 위에서도 빛난다. 메모홀더, 펜, 수첩, 명함케이스, 카드케이스 같은 개인 물건들이 많다. 이런 나만의 아이템으로 은근한 멋을 내주는 것도 감각적이고 센스 있는 스타일을 완성시키는 좋은 방법이다.

A c t i o n P o i n t + + + + + + + + + + + + + + +
+ +

돈을 잘 쓰는 패션투자의 법칙

----

1 색의 조화를 염두에 두고 구색에 맞게 옷을 구입한다.

2 좋아한다고 해서 특이한 디자인과 색상의 옷을 사지 않는다.

3 눈에 덜 띄면서 기본형 옷일수록 더 많이 입는다.

4 충동구매를 피한다.

5 살 수 있는 한 고급 소재의 옷을 사라.

6 유행을 타는 옷을 입고 싶다면 세일기간을 기다려 악센트가 되게 한두 가지만 산다.

7 몸에 맞게 수선하는 것도 훌륭한 투자다.

8 구입하는 옷의 색깔이 당신을 돋보이게 하는지 확인한다.

9 새로 사려는 옷이 내가 가지고 있는 옷들과 잘 어울리는지 맞춰본다.

10 내 몸에 딱 맞는 옷은 제 값 다주고 사도 남는 장사다.

회사별
어필하는
스타일

여성들에게 패션은 영원한 화두다. 열심히 돈도 들이고 노력도 하는데 고민은 여간해서 끝나지 않는다. 옷장을 열어보면 뭐가 가득 들긴 했는데 정작 입을 옷이 없어서 난감한 경험을 다들 한번쯤은 했을 것이다. 프랑스의 대문호 발자크는 '옷을 부주의하게 입는 것은 도덕적 자살'이라고까지 했는데, 이 무서운 난제를 날마다 풀어내는 직장여성들의 애환은 때때로 눈물겹다. 하지만 호주의 원주민 속담 중엔 '당신이 알면 알수록, 필요한 것은 적어진다'는 말도 있으니 모르는 것보다 제대로 아는 것이 불필요한 쇼핑을 줄이는 지혜다. 회사별로 어필하는 스타일 포인트만 알고 있어도 당신의 쇼핑은 절반 이상 끝난다.

여성들이 많은 회사에서는 무엇보다 당신의 세련된 감각이 필수다. 이런 직장에서는 은근히, 혹은 노골적으로 서로 치열한 패션 다툼을 하기 마련인데, 독특한 디자인으로 승부하는 것이 관건이다. 자신만의 감각을 살려주되 명품을 사든 보세숍의 아이템을 사든 세련되게 매치하는 안목이 필요하다. 세미정장을 입되 그린, 핑크 같이 튀는 컬러도 괜찮고 거기에 금사가 들어간 니트나 화려하고 개성 강한 액세서리를 활용하면 그만큼 독특한 패션스타일을 자랑할 수 있다. 이런 직장에서 입지 말아야 할 옷은 대학생 같이 어려보이는 아이비리그 스타일이나 폴로 스타일의 스쿨룩이다. '생머리 소녀' 스타일을 좋아하는 약간 보수적이고 촌스러운 남자에게는 어필할 수 있을지 몰라도 회사에서 이런 스타일은 아니다.

패션디자이너나, 일러스트레이터, 웹디자이너 같은 창조적인 직업은 그야말로 패션 자체가 그 사람의 능력과 감각을 직간접적으로 그대로 보여준다고 할 수 있다. 아마도 가장 신경 많이 쓰고, 써야 할 그룹이 아닐까 싶다. 그런데 여기에 그냥 청바지와 티셔츠 같은 평범한 스타일로는 감각적이라는 말을 듣기 힘들다. 그렇다고 길거리에 깔린 첨단 유행 아이템을 모두 휘감은 듯한 스타일은 개성을 보여줄 수 없다. 스커트에 시폰 톱을 자유롭게 믹스 앤 매치한 스타일, 빈티지 아이템을 유행하는 아이템과 적절하게 매치한 스타일 정도면 옷 잘 입는 사람으로 주목받을 수 있다. 여성스러운 핑크나 무난한 검정색보다는 펄감이 있거나 메탈 느낌이 있는 색상을 선택하면 더욱 감각적으로 보인다.

남자상사와 함께 일하는 경우가 많은 회사는 여성스러운 오피스룩이 가장 제격이다. 부드럽고 지적인 느낌을 주는 게 최고다. 무난한 검정색 정장이라도 오렌지, 블루 계열의 화사한 스카프와 함께 매면 효과적이다. 브이넥이나 풀오버 스타일, 또는 얇고 고급스럽게 짜인 니트도 좋은 아이템이다. 색상은 그레이, 크림색, 아이보리 정도면 무난하다. 작은 무늬가 있는 검정스타킹에 버클이 달렸거나 작은 리본이 있는 둥근 앞코 구두가 어울린다.

해외파, 혹은 외국인이 많은 외국계 회사는 내추럴한 스타일이 포인트이다. 너무 격식을 차리거나 화려하게 치장하는 것도 마이너스다. 티셔츠에 턱시도 재킷으로 캐주얼하면서도 포멀한 멋을 살려주거나 단순하지만 몸매를 잘 살려주는 진 팬츠나 재킷도 좋다. 몸매를 적당히 드러내는 옷은 몸매에 대한 자신감보다 자기 일과 생활에 대한 자신감이 있어 보여서 당당한 매력을 줄 수 있다. 캐주얼한 소품으로 발랄하면서도 세련된 이미지를 주되 고급스러우면서도 무겁지 않은 것이 포인트이다.

당신이 대기업에 다닌다면 프로페셔널하고 지적인 이미지를 연출하는 것이 중요하다. 이때 스커트 슈트보다는 팬츠 슈트가 활동적이고 능동적으로 보인다는 점에서 좋은 아이템이다. 재킷도 허리선이 잘록한 것보다 일자로 떨어지는 것이 프로페셔널한 이미지를 준다. 색상은 회색이나 푸른색 계열이, 강하고 무거워 보이는 검정보다 믿음을 주며 책임감 있는 사람으로 보이게 한다. 가방은 작은 핸드백보다 서류를 구겨지지 않게 넣을 수 있는 큰 사이즈가 좋으며 소재는 너무 무겁고 투박하지 않아야 지적인 느낌을 줄 수 있다. 액세서리는 작은 것으로 심플하게 연출하는 것이 효과적이며 헤어스타일 역시 단정하고 지적인 느낌이 나는 것이 좋다. 단정하게 빗어내려 하나로 묶은 스타일이나 뉴스를 진행하는 아나운서들을 벤치마킹해도 좋다.

몇 줄의 글로 모든 직장여성들의 옷차림을 다 담을 수는 없다. 하지만 오늘 어떤 기이한 복장이 최신 유행이라고 할지라도 직장여성들이 따라야 할 스타일의 기본 법칙은 늘 변하지 않음을 명심하라. 유행은 일시적일 수 있지만 기본적인 옷차림의 개념은 영원하기 때문이다. 영화제의 시작을 알리는 레드카펫. 그 위에 올라선 스타들의 옷차림에 말들이 많다. 하지만 오직 영화배우나 모델, 스타들만 기본적인 법칙을 따르지 않아 비난받는다고 생각하면 오산이다. 오피스 레이디에겐 오피스 레이디에게 맞는 스타일이 있고 기본이 있다. 그 법칙을 따르되 취향을 살리는 스타일로 변주하면 된다.

복장 규정이 느슨한 회사라도 이것만은 참아라

1 너무 많이 트인 원피스나 스커트

2 무릎 위 7센티보다 짧은 스커트나 원피스

3 어깨와 팔을 다 드러내는 탱크톱이나 홀더톱, 손바닥 만한 선드레스, 어깨가 아주 가느다란 끈으로 된 원피스, 짧은 반바지 (드라마 속의 노출 심한 옷은 현실감 없으니 따라 하지 말 것)

4 많이 파이거나 비치는 옷, 또는 많이 반짝이는 모든 옷

5 야구 모자를 포함한 일반적인 모자

6 해변용 신발이나 슬리퍼 종류

7 속담, 슬로건, 만화 캐릭터, 문장이 선명한 캐주얼한 티셔츠

8 발목까지 긴 치렁치렁한 원피스나 스커트

9 스판덱스 소재로 몸에 꽉 달라붙는 옷

10 레깅스나 발바닥 고리가 있는 바지

목소리만으로 미소를 전달하라

"여보세요. 저 여기 시청인데요."

이렇게 전화 오는 것을 제일 싫어하는 팀장이 "저 여기 광화문인데요" 하고 말하는 S씨에게 어느날 결국 한마디했다.

"S씨. 광화문이 다 우리 거야? 여기 ○○기업이라고 하면 되잖아. S씨는 왜 꼭 그렇게 전화를 시작해요? 어디 있는 회사냐고 물을 때 그렇게 말해야 하는 거 아닌가."

순간 얼굴이 뻘게진 S씨. 그 다음부터 전화할 일 있으면 후배 옆구리를 쿡쿡 찌르기 일쑤다. 할 줄 몰라서가 아니라 그날의 무안을 모두에게 환기시키는 것 같아서 괴롭기 때문이다.

전화에 관한 한 누구나 실수담이 있기 마련이다. 특히 신입사원 시절 상사의 목소리를 못 알아들어 실수한 일, 중요한 거래처 직원의 전화를 무슨 상품 광고하는 텔레마케터인 줄 알고 신경질적으로 끊은 일, 중요한 전화의 메모를 남겨놓지 않아 선배의 중요한 거래를 계약 직전에 망가뜨릴 뻔한 일, 생각하면 아찔한 실수담이 머릿속에서 와글와글 거릴 것이다.

이처럼 전화예절은 얼굴도 마주하지 않고 몇 마디 나누지 않는 대화 속에서 내 목소리 하나만으로 회사의 이미지를 크게 결정짓는 중요한 상품이다. 일단 회사의 이름과 함께 하는 전화 내용은 이미 공적인 언어가 되기 때문이다. 따라서 서로 얼굴은 보지 못하지만 목소리만으로 회사의 이미지를 만든다는 책임감을 가져야 한다.

그런데도 우리 사회에선 의외로 전화응대에 대한 기본적인 교육이나 훈련이 이루어지는 경우가 없다. 한 번도 본 적이 없는 사람을 목소리만으로 만나는 일이 얼마나 중요한 만남인가. 훈련도 필요하고 회사의 가이드라인도 필요하다. 그런 기본 예절이 제대로 갖춰져 있지 않으면 높은 직급에 올라도 좀처럼 고쳐지지 않는다. 좀 어린 목소리거나 여성이다 싶으면 자연스럽게 반말조가 되어버리는 사람, 자신이 누군지도 밝히지 않고 대뜸 누굴 바꾸라고 야단인 사람, 매너 없는 전화응대도 다양하기만 하다.

우리는 상대방이 무언가를 먹는 중인지, 빠르게 걷는 중인지, 우울한 상태인지, 아주 들뜬 상태인지, 기분 좋은 상태인지 얼굴을 보지 않고도 잘 알 수 있다. 경찰에서는 목소리만으로도 그 사람의 고향, 나이, 학력, 성격, 성장 배경 등을 대강 파악한다고 한다. 이런 일이 가능한 것은 바로 듣는 사람의 상상력 때문이다. 우리는 전화기 너머로 들려오는 목소리를 통해 상대방의 얼굴과 표정, 나이, 학력, 성격, 업무능력 등을 상상한다.

특히 고객과 전화로 만나는 일을 하는 경우 한발 더 나아가 전화로 고객의 마음을 움직이고 사로잡아야 한다. 목소리만으로도 미소가 느껴지는 기분 좋은 친절함에 같은 말이라도 조금 다르게 쓰는 기술이 필요하다. 안 써도 상관없지만 쓰면 훨씬 풍성하게 부피감이 느껴지는 말랑말랑한 감성 언어다. 예를 들어 '죄송합니다만' '번거로우시겠지만' '번거롭지 않으시다면' '괜찮으시다면' '불편하시겠지만' '실례합니다만' 같은 말을 사용하면 상대방에 대한 세심한 배려와 정성이 느껴진다. 이런 말이 저절로 자연스럽게 나오려면 연습도 필요하지만 무엇보다 고객에 대하는 마음자세가 달라야 한다.

인사말이나 감사, 사과 표현도 평소처럼 형식적인 자세를 벗어나 두 번 정도의 반복을 통해 마음을 잘 전달해야 한다. "고객님, 불편하게 해드려서 죄송합니다"라는 말보다 "고객님, 불편을 끼쳐드려 죄송합니다. 그리고 이해해주셔서 감사합니다"로 마무리한다면 고객은 '나는 이 회사에 감사한 고객'으로 자신을 기억하면서 좋은 이미지를 회복하게 된다.

이러한 자세는 직원들 사이에서나 협력업체, 거래처 등 업무적인 일을 전화로 나누어야 할 때도 마찬가지다. 특히 젊은 직장여성들이 고쳐야 할 습관은 끝에 '~요'를 붙이는 말투다. '수고하세요' '고마워요' '알았어요' 하는 말들은 낯모르는 사람이나 윗사람에게 할 수 있는 말이 아닌데도 아무 생각 없이 편안하게 잘 쓰는 사람들이 의외로 많다. 이런 말투는 그야말로 반말에 '요'자만 붙인 정도로 가장 낮은 수준의 경어라고 생각하면 된다. 직장생활에서 반말하기 뭣한 후배나 동기에게나 쓸 수 있는 말이란 걸 잊지 말자. 못 배운 사람처럼 보이는 존대어이니 특히 전화통화할 때는 쓰지 말아야 한다. 막 입사한 신입사원이나 더 어린 후배들에게 이런 말투에 대해 미리 주의를 주어서 그들이 같은 실수를 하지 않게 도와주자. 자신이 그 같은 말실수를 해서 상사에게 지적을 들었던 일화 같은 것을 소개하며 이야기를 하면 후배들도 한결 반감 없이 잘 받아들일 것이다.

아무리 서로를 잘 아는 사이라 할지라도 목소리만으로 마음까지 전하려면 목소리에 예절 이상의 것을 담아야 한다. 고객은 오늘도 목소리와 전화상담을 통해 '나'를 기억할 것이다. 과연 나는 어떤 사람으로 기억되고 싶은가? 우리 회사를 어떤 회사로 기억하게 하고 싶은가?

전화 거는 예절

1️⃣ 용건을 미리 정리해 짧은 통화가 되도록 한다.

2️⃣ 늦은 밤, 이른 아침, 식사시간은 가급적 피한다.

3️⃣ 잘못 걸렸으면 "죄송합니다. 전화가 잘못 걸린 것 같습니다" 하고 정중하게 사과한다.

4️⃣ 상대가 전화를 받으면 정확하게 연결되었는가를 확인하고, 자기 소개를 한다.

5️⃣ 상대가 이쪽을 알아차리면 먼저 인사하고, 용건을 말한다.

6️⃣ 상대가 없으면 받은 사람에게 전해줄 수 있는가를 정중하게 묻고 용건을 말한다.

7️⃣ 용건이 끝나면 정중하게 인사하고, 전화를 끊겠다고 예고한 다음 끊는다.

8️⃣ 어른과 통화 후 어른이 먼저 끊는 것을 확인한 후에 끊는다.

+ +
+ +

전화 받는 예절

1️⃣ 되도록 벨이 세 번 이상 울리기 전에 받고, 먼저 자기 소개를 한다.

2️⃣ 전화를 건 사람이 확인되면 먼저 인사부터 한다.

3️⃣ 다른 사람을 찾으면 친절하게 기다리라고 말하고 바꾼다.

4️⃣ 받을 사람이 없으면 그 사정을 설명하고, 대신 받아도 되겠느냐고 묻는다.

5️⃣ 남에게 온 전화는 통화 내용, 시간, 용건 등을 전해준다.

6️⃣ 통화가 끝나면 정중하게 인사한다.

7️⃣ 가능하면 전화를 건 사람이 먼저 끊은 후 수화기를 내린다.

8️⃣ 잘못 걸려온 전화라도 친절하게 응대한다.

쿠션언어로 분위기를 바꾸자

　P씨와 J씨가 점심을 같이 먹고 회사로 들어와 함께 자판기 커피를 마시던 중, J씨의 휴대폰이 울렸다.

　"어, 왜?"

　"밥? 음, 먹었어? 자기는?"

　"왜에? 나 바빠. 용건 없음 끊어. 사무실 가봐야 돼."

　"아휴 참, 만날 보면서 할 말은… 거긴 그렇게 한가해?"

　"끊어 빨리! 아휴, 참! 이따가 한다니깐."

　선배인 P씨는 J씨가 남자친구와 통화하는 것을 우연히 자주 듣게 되는데 J씨의 응대는 늘 이런 식이다. 좀 다르게 받을 수도 있을 텐데 하는 생각이 평소에 많았는데, 오늘은 아무래도 꼭 한 번 이야기해주고 싶었다.

"J씨. 자기 목소리 참 예쁜 거 모르지? 특히 전화목소리는 더 예뻐. FM 라디오 심야음악프로그램 해도 좋겠다고 생각한 적도 있어. 근데… 그 예쁜 목소리로 왜 그렇게 화난 사람처럼 전화를 받아?"

"어! 제가 그랬어요? 나 화 안 났는데…."

"그거 봐. 자긴 잘 몰라. 근데 내가 옆에서 보면 J씨 어떤 땐 너무 딱딱하고 사무적이고 건조하기만 해서 화난 사람 같아. 무슨 기분 나쁜 일 있었나 해서 내가 눈치 볼 때도 많은 거 모르지? 그런데 어느 날 남자친구한테도 그렇게 하는 거 보고 놀랐네. 그 예쁜 목소리 좀 빛나게 조금 부드럽게 말하면 안 되나? 그럼 더 예쁠 텐데 정말."

J씨는 이런 지적이 처음이라 좀 당황스럽긴 했지만 평소 신뢰하고 좋아하는 선배에게서 애정 어린 조언을 들은 터라 기분 나쁘지 않게 받아들였다. 자신은 잘 느끼지 못했던 부분이다. 애교는 좀 없지만 그렇게 팍팍하리라고는 생각지 못했기 때문이다. 그래서 J씨는 그날부터 몇몇 직장동료나 가까운 친구, 가족들에게 자기 말투에 대한 객관적인 평가를 신랄하게 듣기로 했다. 그리고 지적이 많은 부분에 대해선 고칠 결심을 하기에 이르렀다.

J씨는 '쿠션언어'를 모른다. 쿠션이란 없어도 상관없지만 있으면 편리하게 사용할 수 있는 소품이다. 따라서 쿠션언어는 말랑말랑한 언어를 말한다. 상대방에 대한 세심한 배려와 정성이 느껴지는 이 말들은 듣는 사람에

게 신뢰감과 존중받는 느낌을 줄 수 있는 좋은 방법이다.

지나친 겸손함도 드높여야 할 이미지를 망칠 수 있다. "오늘 입은 옷이 참 멋져 보인다" 하는데 "오래된 옷이에요" "홈쇼핑에서 싸게 산 거예요" 하는 말은 할 필요가 없다. 그냥 "그래요? 오늘 하루 기분 좋을 것 같은데요" 하거나 "그래? 고마워! 기분 좋은데" 하고 멋지게 받으면 그만이다. 사적인 전화가 눈치 뵌다면 "미안해. 오늘은 계획에도 없는 일로 너무 바빠서. 내가 이따가 퇴근 무렵 전화할게. 미안!" 하고 귀염성 있게 받으면 된다.

요즘은 가족구성원이 모두 제각각 바쁜 시대다. 서로 얼굴 보고 대화다운 대화를 나눌 시간이 없고 "밥 먹었어?" "몇 시에 나가?" 하는 단편적인 말만 할 뿐이다. 하루쯤은 아버지의 말을, 어머니의 말을, 남편의 말을, 오빠의 말을, 동생의 말을 듣고 서로 위로하고 격려하는 시간을 가져보자. "아빠 힘드시죠? 말씀 안 하셔도 다 알아요" "엄마, 요즘 내가 딸이 아니라 하숙생 같지? 조금만 기다려요. 이번 프로젝트 마치면 엄마랑 내가 즐겁게 놀아드릴 테니깐. 체력충전이나 하세요" "너 힘들었겠구나. 왜 누나한테 말 안 했어? 혼자 힘들면 함께 산다고 그게 가족이냐" 이런 말들은 조금만 노력하면 자연스럽게 잘할 수 있는 말이다. 가정에서부터 하게 되면 일터에서 잘하는 것은 시간 문제다.

'분위기 메이커' 라는 것이 있다. 분위기 메이커는 보통 쿠션언어의 달인들이다. 긴장을 풀게 하고, 웃게 만들고, 기분 좋게 만든다. 한 사무실에

한 명이라도 충분하다. 그 사람이 없으면 썰렁하고, 그 사람이 출장이라도 가서 자리에 없으면 갑자기 사무실 분위기가 확 다운되고, 그 사람이 다시 '짠' 하고 나타나면 모두 얼굴에 화색이 돌면서 사무실에도 활기가 넘친다. 사무실 귀염둥이에 마스코트로 사랑받는 사람이 되는 것은 당연하다. 내가 한번 그런 사람 되어보면 어떨까.

그러기 위해서는 먼저 스트레스를 줄이고 마음의 평화를 찾는 것이 중요하다. 마음속에 쌓인 스트레스는 말을 건조하게 만들거나 짜증 섞여 나오게 할 수 있다. 늘 평화를 잃지 않고 자기 마음에서 우러나는 정중한 언어습관으로 상대를 존경하는 태도가 드러나도록 하자. 유머러스하고 재치와 품격 있는 언어가 평소 생활 속에서 자연스럽게 배어 나오도록 부단한 연습과 노력을 기울여야 한다. 훈련장이 따로 없다. 집이면 집, 회사면 회사, 사람 사는 곳 어디서나 훈련할 수 있다. 고운 말을 쓰면 돈도 안 들이고 자신의 대외 이미지를 높일 수 있다. 말에 생크림처럼 감성언어를 듬뿍 올리자. 곧 자연스럽게 풍부한 감성언어가 술술 나올 것이다.

A c t i o n P o i n t + + + + + + + + + + + + + +
+ +

하면 할수록 따뜻해지는 쿠션언어

1 "도움을 주셔서 잘할 수 있었습니다." (어떤 일이 잘 되었을 때)

2 "그럴 만한 자격이 있으세요." (포상을 받거나 큰 칭찬을 들은 사람에게)

3 "정말 재주가 많으시네요." (능력을 치하하고 싶을 때)

4 "대단해요. 정말 좋은데요. 날로 발전하시네요." (새로운 아이디어를 낸 사람에게)

5 "사무실이 다 환해요. 뭐 좋은 일이 있으신가 봐요." (평소와 좀 다른 차림을 하거나 못 보던 차림을 한 동료에게)

6 "언제든지 필요하시면 절 불러주세요!" (일을 하고 있는 그 누구에게라도)

7 "도와줘서 쉽게 끝냈어요. 고마워요." (고마움을 표하고 싶은 사람에게)

8 "힘내세요. 지난 번에는 더 어려운 일도 잘 해내신 걸 기억해요." (어려운 일을 맡은 사람에게)

9 "난 ○○님이 그 일을 하실 수 있을 거라 믿었어요!" (어려운 일을 성공적으로 끝낸 사람에게)

10 "○○님이 안 계시면 우리 큰일 나요. 힘내세요."(어떤 일에 자신 없어 하는 동료에게)

능력과
열정도
체력의
문제다

"부장니임!"

P부장은 출근은 하지 않고 전화를 한 C씨가 무슨 말을 할지 단번에 알아
챘다.

"C씨 어디 또 아퍼?"

"… 죄송해요. 어제 언니네 집이 이사를 했는데 살림 정리 도와주다가
좀 무리를 했나 봐요. 해야 할 일도 있으니 되도록 오후에라도 나가보도록
할게요."

P부장은 그 정도 체력밖에 안 되는 사람이 출근할 생각해서 집에 있을
것이지 이사는 무슨 이사냐고 버럭 화를 내고 싶은 걸 간신히 참았다. 남

자라서 이해 못해준다고 할까 싶어서다.

"C씨 또 어디가 아프대요? 아구, 무슨 몸이 그렇게 부실하담. 어디 공주로 태어나서 보살핌이나 받았어야 할 사람이지. 우리 무수리들처럼 일을 하겠나?"

1년 선배인 M씨가 옆에서 노골적으로 빈정거렸다. 이제 알 사람은 다 아는 C씨의 체력에 모두 손을 내젓는다. 회사에서 등산으로 야유회를 다녀온 다음날도, 창사기념 체육대회 다음날도 진짜 아픈 건지, 오버하며 아파하는 건지, 쉬고 싶어서 핑계를 대는 건지 모르게 결근이나 조퇴가 잦다. 건강이나 돌보라며 권고사직을 할 수도 없고 직속상사인 P부장은 끙끙 속을 끓이는 적이 한두 번이 아니다. 직원들은 공공연히 부장님만 모르고 계시는 거지 C씨가 출근할 만한데도 저러는 게 분명하다고 원성이 자자하다.

걸핏하면 몸살, 드러눕지는 않아도 회사에 나와 일할 정도는 못되는 애매한 체력. 이것은 분명 민폐다.

"죄송해요. 늘 이렇게 중요한 때 결근을 해서요. 저도 이러는 제가 싫은데 여러분들은 제가 얼마나 미우시겠어요. 정말 죄송해요. 그래서 앞으로 좀더 적극적으로 운동을 시작하려고 해요. 건강해야 여러분께 민폐를 끼치지 않을 테니까요."

요렇게 말을 해도 얄밉기만 하다. 그리고 또 겁난다. 저런 몸으로 운동 좀 시작했다고 한동안 또 여기저기 아프다고 다시 결근하면 어쩌나. 이쯤

되면 사람들에게 '양치기 소녀' 이미지가 굳어지는 것은 식은 죽 먹기다. 너무 약한 체력은 '진짜 아픈 거 맞아?' 하는 소리가 버럭 나오고, '웬만하면 좀 나오지 그래' 하는 빈정거림을 듣기 쉽다.

'이 세상에 약한 것이 여자, 여자, 여자' 라고 했나. 그러나 직장 내에서는 연약한 척하지 말자. 몸이 조금만 아파도 결근을 하거나 집안일을 핑계로 조퇴나 휴가를 서슴없이 내는 것은 직장 내에서 여성에 대한 편견을 공고히 하는 주요인이 된다. 몸이 아파도 웬만큼 몸을 움직일 수 있을 정도면 회사에 나왔다가 절차를 밟아서 병원에 다녀오거나 조퇴를 하자. 또 가정과 직장에서 각각 해야 할 일에 대해서 공사 구별은 분명해야 한다.

건강관리는 직장생활의 필수적인 자기관리다. 실력과 능력이 대등할 경우, 마지막에는 어쩌면 평소 사소하게 여겼을 체력만 남는다. 경쟁할 상대가 없어도 체력전의 문제는 남는다. 자주 아프거나 조금만 무엇을 해도 피곤한 상태라면 자기 스스로도 직장생활이 도저히 즐거울 수 없다. 자신의 몸 상태에 대해 정확하게 파악하여 컨디션을 최상의 상태로 유지해야 경쟁력도 생긴다.

체력을 기르는 방법은 운동밖에 없다. 구체적이고 측정 가능한 목표를 세우는 것이 실천하기 쉽다. 지나치게 높은 목표는 오히려 독이 될 수 있다. 달성에 시간도 많이 걸리고, 초반에 가시적인 결과가 나오지 않으면 의욕을 상실해 자포자기하기가 쉽기 때문이다. '쓸데없는 군것질 끊기' '살 빼기' '운동하기' 등 막연하고 추상적인 목표를 세우기보다는 '일주일에 헬스클럽 3번 가기' '점심 식사 뒤 군것질 안 하기' '매일 과일 2개 이상 먹기' '비타민C 챙겨먹기' '점심식사 후 산책하기' 등 구체적이고 실현 가능한 계획을 세우도록 한다.

다음으로 자신의 신체 여건과 외부의 환경을 고려해 언제 어디서 어떤 운동을 어떻게 할 수 있을지 계획을 짜야 한다. 저녁에 피치 못할 술자리가 생길 경우나 긴급한 업무가 생겼을 때 등등 여러 가지 경우의 수를 가정해야 한다.

운동을 할 때에도 매일, 매주, 매월 체중이나 혈압 등을 재면서 운동 효과를 분석하고 필요하면 종목을 바꾸는 등 유연성을 발휘해야 한다. 오후에는 헬스클럽을 이용하고 만약 이를 지키지 못했다면 밤에 집에서 운동을 하고 또 주말에는 가족과 산책을 하는 것도 방법이다. 또 비만이나 체력이 약한 사람이 처음부터 뛰려고 하면 안 된다. 처음에는 걸으며 체력을 단련시킨 다음 본격적으로 운동에 들어가는 것이 좋다.

체력은 자기관리이고 자기관리는 곧 자기 이미지와 직결된다. 사실 여성들은 이 점에 큰 비중을 두지 않는 편인데, 걸핏하면 아프다고 호소하는 체력 부실자에게는 중요한 일을 맡길 수 없고 신뢰감도 떨어지는 게 당연하다.

직장생활에서 종종 능력과 열정은 체력전일 때가 있다. 야근을 하고, 퇴근 후 동료들과 어울리기도 해야 하고, 업무적으로 만나야 할 사람도 많다. 따라서 몸이 가볍고 컨디션이 좋아야 하는 것은 어찌 보면 당연하다.

그래야 누굴 만나도 즐겁고 활력 있으며 일의 집중력도 높아진다. 이제 자신의 몸매를 위해서가 아니라 건강을 위해 적극적으로 몸을 관리해나가야 한다.

A c t i o n P o i n t +

영양관리 10계명

1 다양한 음식을 섭취하라.

2 적정한 체중을 유지하라.

3 단백질 음식을 충분히 섭취하라.

4 지방질이 총 열량의 20%가 넘지 않게 하라.

5 우유를 충분히 먹도록 하라.

6 짜게 먹는 것은 금물이다.

7 술·담배·카페인을 삼가라.

8 적당한 운동을 하라.

9 끼니를 거르지 말고 적당히 먹어라.

10 야식과 간식은 되도록 피한다.

진짜
주당은
퇴로를
만든다

요즘은 여자가 먼저 "우리 한잔 할래요?" 한다 해도 크게 흉될 것 없는 세상이다. 회식자리는 물론 2차, 3차까지 이어지는 술자리에 끝까지 동석하는 직장여성도 적지 않다. 이제 우리 사회에서 술 문화만큼은 남녀 차별이 없다. 그러나 술이 취한 이후의 행동이나 결과에 대해선 아직도 여성쪽이 불리하다는 것을 잊으면 큰 손해를 볼 수 있다. 똑같이 취하고, 똑같이 노래하고, 똑같이 농담하고, 똑같이 외박해도 색안경 쓰며 수군대는 뒷소리를 듣는 일은 여자가 도맡아하기 십상이다. 술 문화가 완전하게 남녀 차별을 벗어났다고 할 수 없는 까닭이 여기 있다.

그렇기 때문에 지킬 것은 지켜야 한다. 애초부터 정식으로 주도를 잘 배우든지, 아니면 술자리에서 자신이 처신해야 할 명확한 룰을 만드는 것이 중요하다. "그러면 난 술을 아예 입에도 안 대겠다" 하는 사람이 있다면 그건 반칙이고 퇴장감이다. 술자리에 참석하는 것은 술을 마시겠고 취하겠다는 무언의 약속이나 다름없기 때문이다. 건강상의 이유나 체질적으로 술을 거부하는 몸을 가지지 않은 이상 마셔야 한다. 술 안 마시고 말똥말똥한 정신으로 술 취한 사람을 보는 사람이 있다면, 그도 괴로울 것이고 보는 사람도 편치 않다.

어쨌든 술자리는 직장에서 다 하지 못했던 속 깊은 이야기를 털어놓을 수 있는 자리고, 돈 주고도 배울 수 없는 산 경험을 거저 얻을 수 있는 기회이기도 하다. 그럼 이제 무엇을 지킬 것인가 생각해야 한다.

몸을 생각하는 술자리가 되어야 한다. 빈속에 술을 마시면 속도 버리고 사람도 버린다. 안주를 많이 먹으면? 빵빵한 안주와 같이 먹으면 괜찮다고 생각할 수도 있지만 실제로는 안주도 소용없는 것 같다. 미리 든든하게 배를 채워두는 것만이 술자리에서 오래 버틸 수 있는 방법이다. 훨씬 덜 취하고 즐거운 술자리를 가질 수 있다. 술 마시고 해장국 먹을 것이 아니라 술 마시기 전에 미리 밥 한 공기 말아서 해장국을 먹는 게 어떨까.

그렇게 해두면 안주발 세운다는 얘기도 듣지 않고, "와, 아무개씨는 안주도 안 먹고 술 마시네"라고 부러움(?)에 가득 찬 말도 들을 수 있다. 그 말 때문이 아니라도 확실히 다음 날 숙취에 괴롭지 않아도 되는 좋은 점이 있다. 또 많이 마신 탓에 무언가 토하고 싶어진다고 해도 토할 것이 있는 것이 토할 것조차 없는 빈속보다 그래도 낫다.

하지만 아무리 술이 '고파도' 꼭 피해야 할 술자리는 있는 법이다. 이것의 완급을 조절하지 못하면 진정한 의미의 주도를 아는 술꾼이라고 할 수 없다. 먼저 어떤 사람이든지 단 둘이서 대작하는 자리는 피해야 한다. 나보다 술이 센 사람이든 약한 사람이든 모두 나쁘다. 술이 센 사람과 마셨을 땐, 똑같이 마셨어도 상대보다 더 많이 취할 수 있고, 술을 잘 못 마시는 사람과 마시면 자기만 취한 모습을 보이게 된다. 단 둘이 마시는 술은 자신의 술버릇이나 주량을 잘 아는 오래된 친구와만 하는 것이 좋다.

진정 술을 즐기는 주당은 좀처럼 남들에게 자신의 주량을 드러내지 않는다. 술자리도 사회생활의 연장선상에 있다. 적당히 술자리를 이끄는 혹은 술자리에 참석하는 기술이 있어야 한다. "주량이 얼마예요?" 하면 그냥 씩 웃을 때도 있지만, 아예 씩씩하게 "저 밑 빠진 독이예요"라고 해버릴 때가 있다는 말이다.

술자리를 피해야 할 또 하나의 상황은 기분이 나쁠 때이다. 낮에 직장에서 아주 기분 나쁜 일을 당해서 '술발'이 받겠다 싶어도 절대 술로 풀 생각은 하지 말아야 한다. 술만큼 솔직하고 즉각적인 감정적 반응을 불러일으키는 묘약이 없다. 기분 나쁜 상태로 술 마시기를 일삼다 보면 자주 실수하기 쉽다. 실수가 실수로만 끝나면 별 문제 없지만 주변 사람들에게 민폐를 끼친다면 문제가 달라진다. 괜히 다른 사람에게 시비라도 걸거나 막무가내로 우는 경우를 생각하라. 동료들이라면 한두 번은 애교로 봐줄 수 있다. 그러나 기분이 나쁘다고 술을 마시다 보면 어느새 그것이 고약한 술버릇으로 굳어질 공산이 크다. 따라서 누구도 이제 술을 함께 마시려 하지 않을 것이고 '주사파(酒肆派)'로 분류되어 명예롭지 않은 낙인이 찍힐 수 있다.

술은 마시기 시작했을 때보다 술자리가 파한 이후의 뒤처리가 더욱 중요하다. 그래야 후유증이 없기 때문이다. 먼저 술을 밤새 마실 수밖에 없는 형편이었다 해도 새벽녘이라도 좋으니 집에는 꼭 들어간다. 혹시라도 노는 재미에 도끼자루 썩는 줄 모르고 밤새워 놀다가 사생활이 문란한(?) 직원이란 소리를 들으면 자기만 억울할 뿐이다.

술자리가 파하고 집에 돌아갈 땐 되도록 혼자 돌아가도록 한다. 집이 같은 방향인 사람이 있거나 데려다줄 누군가가 있다면 퍽 좋을 것 같지만 실제로는 별로 안 좋을 때가 더 많다. 집으로 돌아오는 길은 그동안 정신력으로 버텼던 긴장이 좀 느슨해질 수 있는데 그때 옆에 누가 있으면 계속 그 긴장을 유지해야 하는 점이 적잖이 힘들기 때문이다.

택시비가 넉넉하다면 편안히 택시를 타고 집에 가는 것이 좋고(여자 혼자 위험하다고는 하지만), 그렇지 않다면 처음부터 시내 교통상황을 꿰뚫어 놓는 것이 좋다. 어디에 있어도 집으로 가는 교통편을 심야버스까지 꿰뚫고 있으면 문제없다.

다음 날 출근했을 때 주의할 점이 한 가지 더 있다. 술자리에서는 남도 자신도 아무리 주의를 기울여도 서로 간의 흉허물이나 실수를 보기 마련이다. 그 자리만큼은 서로 마음이 잘 맞아 기분이 좋아진 상태에서 오버액션을 하거나 돌발 상황을 연출하기도 쉽다.

그런데 이런 술자리에서 있었던 일을 그 다음 날까지 끌고 가서 동네방네 마이크가 되어 계속 말하는 사람이 간혹 있는데, 이것은 아주 딱 금해야 한다. 잘 들어갔느냐는 안부 정도는 괜찮겠지만 "○○씨, 어제 보니 A씨 좋아하는 거 같던데, 두 사람 사귀나봐"라든가, "○○씨, 어제 끝내주게 잘 놀더라. 나 반했어" 같이 술자리에 있지도 않은 사람에게까지 어제 일을 떠들고 다니는 일은 심각한 오염이 된다. 술자리에서 있었던 일은 술자리에 묻어두는 것만큼 중요한 주도도 없지 싶다.

밤거리에서 쭈그리고 앉아 조금 전에 먹은 것을 '확인(?)' 하는 여성들을 보는 일이 드물지 않다. 차 한 잔이 아니라 바로 술 한잔 하러 주점에 가는 언니들도 많다. 얼굴 색 하나 변하지 않고 간단하게 남자동료를 KO시켜서 차 태워 보내는 무서운 '여류주당'들이 점점 늘어나는 분위기 속에서 직장여성들은 술에 관한 한, 자기만의 가이드라인이 절실히 필요하다. 업무시간에 세운 이미지를 회식자리에서 홀랑 까먹는 비극이 생기면 곤란하기 때문이다.

술자리에서 피해야 할 행동

1 회사의 운영방침이나 특정 인물에 대한 비판

2 상사의 험담 (술김에 용기가 나더라도 참아 줘!)

3 술자리를 자기 자랑이나 평상시 언동의 변명자리로 만드는 행동

4 잘난 척하며 지식이나 보안을 요하는 정보를 늘어놓는 행동

5 자기 주량 이상으로 과음해서 민폐 끼치는 행동

Chapter
5

핵심인재가 되고픈 당신, 앞으로 나아가라

조직에서 여성은 더 이상 꽃이 아니다.

여성들이 보조역할에 머무는 시대는 갔다.

그래도 여성들은 아직 목마르다.

조금 더 핵심적인 업무, 실질적인 업무를 하는 조직의 인재가 되고 싶다.

그러기 위해선 어떤 일에 힘써야 할까?

'그만 두겠다'는 말, 그만 하자

"K실장님, 있다가 점심 같이 드실 수 있어요?"

"어쩌지? 오늘은 약속이 있는데."

"그럼 저녁시간은 어때요? 시간 많이 안 뺏을게요."

"그래 그럼. 퇴근하고 저녁이나 같이 먹지 뭐."

사실 K실장은 H씨가 무슨 말을 하고 싶어하는지 대강 감을 잡고 있다. 요즘 H씨의 얼굴과 일하는 태도 등을 보면 그의 예상이 크게 빗나가지 않을 것이라 생각했다.

퇴근 무렵, 최근 회사에 일이 많아서 '칼퇴근'은 언감생심 생각도 못했는데 K실장이 먼저 일어서며 H씨를 불러주니 H씨의 얼굴이 대뜸 밝아졌다. 그러나 그런 얼굴도 잠시, 저녁을 먹으려고 들어선 식당에 자리를 잡자마자 H씨는 폭포수 같은 불만을 터트리기 시작했다.

"선배, 나 정말 이번엔 결심했어. 오래 생각해봤는데 정말 안 되겠어."

"…"

"오늘은 정말 선배가 날 살려준 거다. 요즘 한 달 동안 만날 야근하면서 나 정말 돌아버릴 것 같았다구. 회사는 수당을 따로 챙겨주길 하나, 야식을 제대로 지원해주길 하나, 뭐 하나 제대로 지원해주는 것도 없이 이제 내 돈 들어가게 생겼다구. 만날 직원들을 위한 복지 어쩌구 하는 소리는 왜 하냐구 입만 아프게. 정말 지난번에 있던 직장보다 나을 게 뭐 있나 싶어. 몸만 축나고."

"그래서 어떤 결심을 했는데?"

"나, 사표 낼 거야. 더 이상 못해먹겠어. 찾아보면 여기보다 못한 데가 어디 있을까 싶어. 그래도 난 신입은 아니잖아. 한눈 안 팔고 이 물에서 논 지 벌써 7년이 다 되어간다 뭐…. 이 정도 경력자가 포트폴리오 제출하고 면접보면 뭐 어디 없겠어? 여기보단 나을 거야."

"그래, 나도 H 네가 많이 참았다고 생각했어. 근데 너 2년 전에도 이런 말했던 거 아니? 네 언니가 나 보고 좀 데려다 써달라고 했을 때 일로는 그때 처음 만났잖아. 넌 그때도 이 비슷한 말을 했어."

"그땐… 거기 정말 심했어. 얼마나 심했다구. 거기 생각하면 차라리 여기가 좀 나아."

"어딜 가나 또 불만은 생길 수 있어. 내가 사장이 아닌데 내 맘대로 할 수 있니 어디? 잘 생각해. 경력에 마이너스가 될 거야. 좀 참아. 다음 달까지만 고생하면 돼. 잘하면 좋은 일이 있을 거야."

"언니, 아니 K선배. 그럼 나 며칠 안 남은 이번 달까지만 야근 좀 빼주라. 사람이 좀 쉬어야지. 내가 낮 시간에 그에 상응하게 열심히 할게. 응?"

K실장은 이번에는 좀 야무지게 대응하자 싶었다. 징징거리는 소리 한두 번도 아니고, 그렇다고 이제는 말처럼 쉽게 확 때려 치기도 쉽지 않은데, 이참에 독하게 고삐를 확 죄자 싶었다.

"니가 시간 내달라고 했지만 이 저녁은 내가 쏠게. 맥주도 한잔 할래? 먹고 집에 가서 오늘은 아무 생각 말고 일찍 푹 자. 그리고 암말 말고 출근해. 오늘의 용건은 여기서 끝~ 다른 얘기 하자."

"언니이~ 내 말 좀더 들어봐."

"너 자꾸 그러면 나 지금 집에 간다. 응?"

H씨는 조용히 밥을 먹을 수밖에 없었다.

H씨처럼 걸핏하면 회사를 그만두겠다고 큰소리치거나 사표를 던지는 사람들이 의외로 많다. 식구들이 모두 자기만 바라보고 있는 기혼의 가장이라면 쉽지 않은 일이지만, 집안을 떠맡아야 할 책임이 상대적으로 적은 미혼여성들은 그런 부분에서 찔리는 사람들이 좀 있을지 모른다.

괴롭고 힘든데 그걸 말로 할 수 없고 해서 아프다고 핑계대어 하루 쉬고, 그러다 보니 그 다음날은 더 나가기 싫고 그래서 하루 더 전화해서 양해를 구하다가, 결국 그 다음 하루 이틀은 말도 없이 출근을 안 해버리는 경우다. 당신이 이런 상황을 보고 "그런 사람이 어디 있냐, 말도 안 된다"라며 발끈해서 화를 낸다면 당신은 썩 괜찮은 직장인이다. 그러나 이와 비슷한 경험을 한 적이 있어서 도둑이 제 발 저리는 사람도 있을 것이다.

회사에 다니다 보면 속상하고, 화나고, 분노가 치밀어 심하면 인간이 싫어지는 일은 얼마든지 일어날 수 있다. 열심히 일했는데 인정도 못 받고 지적만 당할 때, 능력도 없는 사람이 줄서기와 손바닥 비비기만 잘해서 앞질러 간다고 여겨질 땐 '정말 다 때려 치고 싶어'지는 마음도 있을 수 있다.

하지만 아무리 화가 나고 억울해도 함부로 그만 두겠다는 말을 해서는 안 된다. 처음에는 '정말 화나겠다, 억울하겠다, 안 됐다' 하고 지지해주던 사람들도 당신의 그런 불평이 되풀이되면 지겨워 자리를 피하고 싶어지는 법이다. 좀 누가 말려주었으면 하는 투정의 마음으로 시작된 말인데 '그래, 열 받겠다. 그럼 차라리 사표 내!' 이런 황당하고 민망한 말로 되받지 않으려면 조절이 필요하다는 말이다.

속상할 때 한번쯤 사표 생각 안 하는 사람은 없다. '에이, 내가 여기 아니면 갈 데가 없을까봐?' 하지만 냉정히 생각해보면 갈 만한 데가 쉽사리 없을 때가 더 많다. 진짜 사표를 결심했다면 철저히 준비해서 조용히 감행하는 것이 맞는 이치다. 걸핏하면 그만 두겠다는 사람은 자기 신용만 떨어뜨리고 주변 사람들만 불편하게 만든다.

불만처리에도 요령이 있다

1 불만은 공식화하거나 정공법으로 해결하라. 상사와 너무나 안 맞는다고 생각하면 부서를 옮겨달라고 청하고, 여러 사람이 공감하는 불만이라면 적법한 절차를 밟아 불만에 대한 개선을 공식적으로 요구한다.

2 누군가 자신의 능력에 대해 비판한 문제를 두고두고 징징대지 말라. 광고하는 것이고 스스로 상처를 만들 뿐이다. 다른 사람은 안 됐다고 생각하기보다 '정말 그런가봐' '아니 땐 굴뚝에 연기 나겠어?' 하면서 바로 색안경을 낀다.

3 자신이 관리자의 위치에 있다면 자신에 대한 험담이나 뒷담화 정도는 차라리 들을 각오를 하라. 내가 어떻게 해서 달라질 일이 아니라면 그냥 적당히 무시하고 뚜벅뚜벅 씩씩하게 가자. 당당함과 담담함은 위기대처 능력 중 최선의 방법일 때가 많다.

충성도를
의심받지
말자

군대에서 첫 휴가 나온 남동생이 집 현관 앞에서 '충성!' 하면서 경례를 붙이는 모습. 부모님은 훈훈한 표정으로 바라보신다. 휴가를 마치고 부대로 돌아갈 때 같이 휴가를 나온 선임병과 전화 통화를 하는 말끝에도 '충성!' 이다. 늠름한 대한의 남아가 된 남동생을 다시 한 번 바라보게 된다. 나라 걱정 그만 하고 두 다리 쭉 뻗고 자도 되겠다는 안도감이 몰려온 적도 있다.

남자들의 충성심. 어린 시절 골목대장에게 잘 보이는 일부터 시작해서 군대, 사회생활로 이어지는 남자들의 조직생활은 그야말로 어딘가에 충성하지 않으면 허전하지 않을까 싶게 다채롭게 펼쳐진다. '사람 위에 사람 없고 사람 밑에 사람 없다' 는 평등사상이 남성사회에서 완전히 녹아들기

란 인류의 역사만큼이나 긴 시간이 필요한 것인지 모르겠다.

남자들은 대체로 권력과 위계에 관해서 여자들과는 아주 다른 시각과 태도를 가진다. 남자들은 위계 질서가 뚜렷한 구조를 가진 조직을 더 좋아하고 일단 발을 들여놓은 조직 안에서 충성도가 높다. 아무리 치사하고 더러워도 일단 한다. 조직과 상사에 대해 불만이 있어도 깍듯하다. 아파도 내색 안하고 회사에 나온다. 그러면서도 언젠가 조직의 가장 우두머리 자리에 자신이 앉을 수 있다는 생각을 버리지 않는다. 자신이 충성했듯 또 그 아래 사람들이 자신과 조직에게 성실하게 꾀부리지 않고 일해주길 바라는 마음도 같다.

하지만 여성들은 리더, 대장, 일인자에 대한 중요성을 그렇게 크게 느끼지 않고 남자상사가 자신을 위협적으로 느낀다는 것도 상상하지 못한다. 윗자리를 노릴 마음이 남성들보다 훨씬 적다는 뜻이다. 여성 리더가 있거나 여성들이 팀을 이루는 조직은 분위기와 과정을 중시해 누구든 돌아가면서 리더를 하는 것도 수긍하고 특별한 역할을 맡지 않을 때 더 부담 없이 열심히 일하고 만족스러워한다. 관계지향적인 여성들의 특성이 반영된 것인데, 일의 진척을 위해서는 팀원들의 기분이 어떤지는 잠시 무시해야 한다는 남자들의 결과 중심적인 사고와는 정반대다.

직장여성들의 조직 충성도는 직업여성으로서 확고한 비전과 목표가 없을 때 더 낮아진다. '내가 이 회사 아니면 다닐 데가 없을 것 같아?' '내가 하고 싶은 건 사실 이 일이 아니야. 여긴 경험을 쌓으려고 들어온 거지'

'결혼하면 난 우리 그이가 벌어다주는 돈으로 예쁘게 집 꾸미고 아이나 잘 기르고 싶어' 등으로 이어지는 다양한 사직의 변을 미리 준비해놓고 다니기 십상이다. '꼭 이거 아니라도' '꼭 내가 아니라도' 괜찮은, 그래서 나는 언제든 회사를 떠나는 데 미련이 없다는 식이다.

요즘은 남자들이 '나도 그럴 수 있으면 좋겠다'고 살짝 가시 있는 농담을 한다. 그러면서 '집에만 있는 전업주부 아내를 데리고 이 각박한 세상 어찌 먹고 살라고, 나 혼잔 너무 힘들어, 그대여! 일해 줘' 하는 분위기도 상당히 압도적이다. 거기서 더 나아가 '차라리 내가 집에서 살림하면 안 될까. 나 진짜 잘할 수 있는데…' 하기도 한다. 말도 안 된다고 생각하는가? 하지만 그렇게 하고 사는 사람들이 의외로 많다. 어쩌면 머지않아 '날 자르지 말아주세요. 제가 벌어야 해요. 우리 집엔 제 얼굴만 바라보며 저를 기다리는 늑대 같은 남편과 토끼 같은 자식이…' 이런 말을 진지하게 하게 될지 모른다. 더 이상 남자만 조직에 충성해야 하는 시대가 아니다.

여성들의 조직 충성도가 낮다는 의견이 정설이 되어버리는 것에는 동의하기 어렵다. 결혼을 한 여성들의 경우 본인의 의지와는 관계없이 직장과 가정 사이에서 갈등할 수밖에 없는 사회구조이기 때문이다. 그렇기 때문에 일하는 여성을 위한 출산육아 환경이 잘 정비되지 않은 현실에서 '직장여성 충성도 저하' 비하발언은 사양한다.

경력관리는 계속되어야 한다

"Y씨 퇴근 안 해요?"

부장이 평소보다 조금 이르게 퇴근하면서 Y씨에게 인사를 한다.

"아, 네, 먼저들 가세요. 아직 할 일이 남아서….."

"난 Y씨가 늘 퇴근이 늦는 것 같아 내 눈치 보느라 그러나 했는데…."

"아니예요, 부장님. 좀 할 일이 남아서… 저는 마치고 갈게요….."

"Y씨 일 너무 열심히 한다. 과로하는 거 아니예요? 쉬어가면서 해야지 능률도 오르죠."

"예, 부장님. 어서 먼저 가세요."

부장이 사무실을 나가고 Y씨는 자리에 풀썩 주저앉으며 또 다시 발등을 찍고 싶은 심정이 되는 것을 느낀다. 별로 어렵지 않은 다른 사람의 부탁도 못 들어주면서 늘 쫓기고 바쁜 것 같다. 나는 왜 이렇게 일이 많은가. 오늘도 Y씨는 하던 일을 깔끔하게 마치고 퇴근할 수 없을 거라는 사실을 안다.

"아니, 니네 회사는 너한테만 일을 시킨다니? 퇴근도 늦게 하는데 일을 집에까지 끌고 와서 쉬지도 못하고 이게 뭐냐? 일 부려먹으려면 승진이라도 시켜주든가, 월급이라도 많이 주든가. 요즘 세상에 여자라고 얕보는 건가? 원…."

이제 엄마의 이런 잔소리를 듣는 일도 지겹지만 선뜻 독립할 의지도 없다. 그냥 엄마가 해주는 밥 먹고 다니는 게 편하기 때문이다. 회사 일도 그렇다. 큼직한 일을 나서서 맡는 건 어쩐지 부담스럽고 그냥 수수하게 조용히 할 수 있는 일만 주어지면 좋겠단 생각이다. 그 바람대로 주로 그런 일들이 맡겨지는데 그것도 나름대로 힘겹다. Y씨는 그냥 단순히 자신이 일중독이라는 생각이 든다. 일 생각을 안 하면 불안하고 무슨 일이든 잡고 있으면 그나마 마음이 편하기 때문이다. 스트레스가 폭발 직전이지만 꿈속에서도 일을 해서 아침에 일어나도 피로가 풀리지 않은 느낌이다.

이런 직장여성들이 의외로 많다. 한마디로 말하면 Y씨는 착각을 하고 있다. 그녀는 일중독자가 아니다. 그리고 어머니의 딸에 대한 믿음과 달리, 현실은 회사가 그녀를 자르지 않는 걸 감사하게 여겨야 할 지경이다. 그녀의 바람대로 수수한 일만 주어진 것이 아니라 회사는 그녀에게 큼직한 일을 맡길 수 없다. 왜냐하면 그 일을 해낼 인물이 아님을 그녀 스스로도 잘 알기 때문이다.

실제 Y씨 같은 직장여성이 처음부터 그런 것은 아니다. 똑똑하고 고등교육도 받았지만 애초부터 초보적인 업무밖에 맡지 않음으로써 그녀의 직업설계도 처음부터 목표가 너무 낮거나 아예 목표가 제대로 서지 않아서 세월만 아깝게 흘려보낸 것이다. 직업설계에 대한 목표는 빠를수록 좋지만 이미 세어둔 것이라도 계속적인 업데이트가 필수다.

예를 들어, 편집디자이너로 기획사에 들어가고 싶어하는 사람이 최신 편집기술이나 장비 등을 파악하지 못한다거나 그 분야의 디자인 트렌드 등을 읽지 못한다면 당연히 자신이 목표로 하는 분야에 발을 들여놓을 기회를 쉽게 잡지 못할 것이다. 시간은 자꾸 가고 나이는 먹는다. 어느 분야든 그만한 나이면 경력자를 채용하는데, 거기서 무엇을 자신의 무기로 내세울 수 있을지 고민을 하지 않고 있다면 곤란하다. 아무리 사소한 것이라도 실질적으로 자신이 원하는 일자리에서 꾸준히 성장하려면 계획과 목표가 서야 한다. 또 자기 분야에서 목표를 이루기 위해서는 참을성 있게 노력하고 그 분야의 최신 기술을 습득하고 지속적인 관심을 기울여야 한다. 그러면서 필요한 것을 서서히 갖추면 된다. 다른 사람이 당장 필요로 하는 것만 생각하지 말고 자신에게 관심을 기울이는 게 가장 중요하다. 그래야 내가 가진 잠재력을 제대로 평가받을 수 있지, 그렇지 않다면 경력에 의해서만 평가받을 것이다.

자기 자신이 어디로 가고 있는지를 알고 있는가? 우선 가고자 하는 목적지가 분명한가부터 살펴야 한다. 내가 해야 할 일, 나만 바라보고 처분을 기다리는 일들이 산적해 있어도 거기에 휘둘려서 '내가 가는 곳 나도 몰라' 할 것이 아니라 다다를 곳을 점찍어놓고 움직여야 한다. 하고 싶은 일이 무엇인지에 집중하여, 고민하고 결정해야 한다. 식사 메뉴도 정하지 않았는데 장바구니 들고 나서는 일은 없어야 한다.

A c t i o n P o i n t + + + + + + + + + + + +
+ +

경력 관리는 계속되어야 한다

1 현재 생각과 다른 일을 하고 있다고 해도 직업적 목표를 포기하지 말고 관심 분야의 변화와 발전을 따라잡을 수 있는 계획을 세워라.

2 학위나 자격증을 가져라. 커리어뿐만 아니라 자신감 차원에서 중요한 역할을 한다.

일하는 기혼여성, 시간을 요리하라

맞벌이 부부인 직장여성들의 경우 집안에서조차 가사 분담이 잘 안 된다는 이야기가 있다. 일주일에 설거지 한두 번, 빨래 널기 한 번, 쓰레기 버리기 한 번 정도 도와주고 남편들이 생색은 또 얼마나 내는가. 기혼여성들은 직장에서 다른 미혼동료들 사이에서 이 눈치 저 눈치 보며 일을 해야 하고, 집에 오면 집안일도 해결해야 하니 피곤도 두 배 이상 느낀다. 남편은 아내하기 나름이라고? 결혼할 때 처음부터 가사 분담에 대한 부분을 확실하게 타협하지 못했던 것을 후회할 수 있다. 회사 때문에 집안일을 잘 못해도 조금 덜 미안하긴 하지만, 해야 할 일이 줄어들지 않는 자신의 처지가 짜증스러운 여성들이 많다.

사실 바깥일을 빼고 집안일만도 적지 않다. 집안에만 있는 전업주부라도 좀처럼 쉴 틈을 찾기 어렵고 자기 시간을 갖는 일이 하늘의 별따기처럼 어려운 형편이니 일하는 여성은 오죽하겠는가. 자신이 혼자 말끔하고 완벽하게 처리하기에는 아주 벅찬 양이다. 그렇지만 아직도 남편의 집안일은 조금 돕는 수준이거나 지극히 가벼운 것에 그치는 경우가 많다.

무엇보다 먼저 생각을 바꾸자. 집안일을 잘해야 한다는 부담을 벗자. 집안일도 바깥일도 모두 잘하려고 하지 말라. 그리고 해야 할 일을 요일별, 시간별로 철저하게 나누자. 토요일은 재활용 쓰레기 버리는 날, 일주일에 어떤 요일들은 빨래하기, 어떤 요일은 요리를 해서 얼려둔다거나 며칠 먹을 수 있는 밑반찬만 만드는 날, 어떤 요일은 구석구석 걸레로 먼지 닦는 날 등으로 정하자. 그리고 나머지 요일은 조금 맘에 들지 않고 부족한 게 많아도 적당히 무시하는 '전략적 센스'가 필요하다. 그래야 스트레스를 덜 받는다.

퇴근 후 시간을 요리하는 방법에도 어떤 원칙이 필요하다. 시간대별로 우선순위를 정하고 집에 돌아오자마자 바로 하면 시간도 절약하고 쉴 시간을 확보할 수 있다. 늦은 시간에 할 수 없는 세탁과 청소는 집에 돌아온 후 바로 한다든가, 무엇이 되었든 식사부터 하고 일을 시작한다든가, 대략의 원칙을 정해둔다면 훨씬 수월해진다.

우리가 하루를 시작하기 전에 하루 스케줄을 점검하고 계획하듯, 점심시간이나 퇴근시간 직전에 집에 돌아가서 해야 할 일들의 우선순위를 정해두고 움직이자. 그날따라 해야 할 집안일이 많을 때는 적당히 장을 보면서 저녁식사를 해결하고 들어가자. 퇴근시간이 늘 일정하지 않은 직장여성들은 중요한 일, 꼭 해야 할 일을 중심으로 그날그날 집안일에 대한 계획을 탄력 있게 운용하고 조정해야 에너지를 조절할 수 있다. 하루 정도 청소 안 했다고 큰일 나지 않는다. 다른 일도 생각해보면 그럴 때가 많다. 우선 내 정신 건강부터 보살피자.

그리고 가족들에게 최대한 도움을 요청하는 것이 당신이 할 일이다. 협박이 아니라 도움 요청을 하라. 너무 당당할 것도 너무 죄지은 듯 할 필요도 없다. 함께 즐겁게 살자, 함께 행복해지자, 그런데 혼자 많이 하려니 몸과 마음이 힘들다고 고백하는 거다. 그래도 생각대로 되지 않는다면? 가족들도 날 도와주는 데 흔쾌하지 않고 그렇다고 그 많은 일을 다 해내자니 속이 상하고 힘들다면?

그렇다면 돈으로 해결하라. 부자가 아니라도 돈으로 해결해라. 돈을 쓰면 얻는 일이 많다는 것을 알아야 한다. 빨래와 식사준비도 그렇다. 오전에만 일주일에 두 번 사람을 써라. 나의 노동력과 시간을 사는 것이라고 여기면 된다. 청소는 평소 집안에만 있어도 구석구석 깨끗하게 하기 정말 힘든 일이다. 날을 잡아 한다 해도 하루해만 짧을 뿐 다 못하기 십상이고 그 다음날은 피곤에 전다. 내 휴식은 온데간데없이 피곤과 짜증만 켜켜이 쌓인다. 바로 이럴 때 돈을 쓰자. 묵은 때 벗겨주는 청소용역회사를 불러라. 다만 꼼꼼히 청소해주길 원하는 곳을 알려주고 그들이 일하는 모습을 지켜 서서 보자. 그래야 돈을 쓴 보람이 생길 것이다.

　그렇게 헤프게 쓸 돈이 어디 있느냐고 할지 모르나 이런 경우는 헤프게 쓰는 것이 아니다. 돈으로 할 수 있는 건 돈으로 하는 것이 내 몸을 쉬게 하고, 시간도 벌고, 내 정신 건강을 편하게 한다. 그럼으로써 집에 돌아와 가족들과 조금 더 많은 시간을 보낼 수 있고 더 밝고 즐거운 얼굴로 대할 수 있다면 가치 있게 돈을 쓴 것이다.

　모름지기 여자가 편해야 가정이 편안하다. 나 혼자 어떻게 해보겠다고 미련을 떨 필요도 없고 다른 식구들이 도와주지 않는다고 서러워하거나 역정과 짜증으로 풀어낼 일도 없다. 모두 편안한 선택을 하는 것이 돈을 조금 쓰는 것보다 좋을 때가 많다는 것을 당신도 경험으로 잘 알고 있지 않은가.

　이것은 직장생활에도 큰 영향을 미친다. 기혼여성과 미혼여성의 직장 내 갈등은 생각보다 심각하기 때문이다. 기혼여성들은 공식적으로든 인정상으로든 집안일이나 아이 문제 등으로 업무 스케줄을 조정하거나 시간외 근무에 대해서도 우선 선택권이 주어진다. 좀 나쁜 경우에는 미혼동료에게 본의 아니게 슬쩍 미루는 것처럼 보여 서서히 갈등의 씨앗을 키우게 된다. 이런 일이 한두 번 반복되다 보면 어쩔 수 없는 상황이었다 해도 미혼동료는 자신도 결혼을 해서 일하는 기혼여성이 될 거면서도 당장은 '아줌마, 그럴 거면 회사를 그만 두든가…' 하는 말이 목구멍까지 치밀어 오른다.

　일부러 피해를 주는 일을 만드는 사람은 별로 없다. 사회가 기혼여성이 일할 수 있는 쾌적한 환경을 제공해주지 못하기 때문에 오는 문제들 앞에서 기혼여성은 날마다 울고 싶다. 같은 여성동료들은 이해를 하면서도 당장 내 앞에서 문제가 발생하면 화가 나는데, 이를 예방하려면 평소 좋은 인간관계를 잘 쌓아두는 노력이 필요하다. 자신을 위해 동료가 야근을 해야 할 때, 아이가 아파서 달려가야 하기 때문에 마무리 일을 동료에게 건네줘야 할 때, 그때그때 어떤 식으로든 적절한 답례를 하는 것도 한 방법이다. 밥 한 끼 사는 것도 좋지만, 작은 물건이라도 그 사람에게 요긴한 선물을 하는 것도 오래오래 감사의 보답을 기억하게 한다. 늘 따뜻한 감사의 말, 칭찬을 아끼지 말고 자신에게 여유가 있을 때는 그 동료의 일을 나누어 도와주면서 좋은 관계를 평소에 저축해둔다.

여성들의 성 정체감과 자긍심, 삶의 만족도는 깊은 상관관계를 가진다는 통계가 있다. 자신이 여성이라는 사실을 긍정적으로 인정하는 자세와 자신을 귀중하게 생각하는 자세 그리고 자신의 인생을 긍정적이고 만족스럽게 생각하는 태도들이 유기적으로 연결되어 있다는 말이다. 자긍심이 높은 사람은 자신의 여성성을 긍정적으로 생각하고 삶의 만족도도 높다. 당신 삶의 만족을 높이기 위해서라도 여성이라 괴로운 짐들을 어떤 식으로든 가볍게 해주자. 기혼여성의 직장생활에 장해가 없어지는 그날까지.

피하지 말고 경쟁을 즐겨라

늘 말수가 적고 조용한 여성이 있다. 그녀에 대한 주변의 평가는 언제나 '참하다' '단아하다' '여성스럽다' 그리고 '착하다' 로 마무리된다. 그녀는 주로 말하지 않고 듣는 편인데다 생전 화내거나 얼굴 붉힐 일이 없는 사람처럼 보였다. 사람들이 그녀를 잘 몰랐던 처음에는 '너무 내숭 아니냐' 는 말이 나올 정도였지만 이제 그녀가 내숭을 떤다고 생각하는 사람은 거의 없다. 그녀는 사내 체육대회에서 헝클어진 머리칼을 날리고 스타일 구기면서도 당당하게 장애물 달리기에서 1등을 하면서 사람들의 편견을 단번에 씻어준 여전사였기 때문이다. 평소 업무에서도 조용하지만 굉장히 열정적으로 일하고 있다는 것을 그제야 다들 눈치 채게 되었다.

조용한 여자의 무서움은 착한 여자의 건강하고 씩씩한 경쟁심에서 나온다. 사실 여성들이 경쟁적이지 않다는 통념은 잘못됐다. 사회적으로 두각을 나타낸 여성들은 스포츠나 글쓰기 대회, 그림그리기 대회 같은 경쟁적인 상황에 참여하면서 성장했다는 연구도 있다. 이것은 여성들이 경쟁에서 이기려면 어떻게 해야 하는지 많이 배웠다는 것을 뜻한다. 여성들도 패배만 아는 것이 아니라 경쟁에서 승리하는 것이 어떤 희열을 가져다 주는지 안다.

성공한 벤처회사의 한 여성 CEO는 스포츠광이지만 학문적인 부분에도 언제나 열심히 경쟁적으로 임하는 인물이다. 그게 자신을 피곤하게 하지 않느냐 묻는 사람들도 있었지만 이런 경쟁적인 본성이 자신에게 이바지한 바가 크다고 한다. 그런 성격으로 두각을 나타나게 되었으며 늘 모험을 선택하고 매너리즘에서 벗어나게 해주었기 때문이다.

초 · 중 · 고등학교에서 부는 여풍(女風)을 아는가. 일명 '알파걸'로 통하는 여학생들의 선전으로 부모들이 고교생 아들을 남녀공학에 보내길 기피한다고 한다. 또한 사관학교에서 발군의 실력을 보여주는 여생도에 관한 기사도 종종 접할 수 있다. 수석 입학, 수석 졸업을 여생도가 휩쓴다. 여성들이 경쟁 능력이나 경쟁 기술이 없는 것이 아니다. 경쟁할 기회를 적게 가졌고 어린 시절부터 '착한 아이는 경쟁하지 않고 질투하거나 시기하지 않는다'고 세뇌된 학습의 결과일 뿐이다.

경쟁은 부정적인 것이 아니다. 긍정적일 뿐만 아니라 오히려 개인적으로든 전문직업인으로서든 계속해서 단련하고 훈련할 수 있게 하는 원천적인 힘이다. 경쟁이 나쁜 까닭은 다른 사람을 밟고 올라서서 희생시켜가며 승리하려는 비정상적인 경쟁이 있기 때문이다. 그러나 여성들의 경쟁은 그렇게 폭력적이지도 배타적이지도 않다. 기본적으로 평화롭고 수용하는 정신 안에서 생겨난다.

경쟁적이 되라고 가르칠 수는 없다. 그러나 경쟁적이지 않고는 승리의 참맛을 느낄 수 없다. 경쟁적인 환경이 불편하다 할지라도 그런 감정을 극복하도록 노력해야 한다. 왜냐하면 경쟁에서 이기는 것은 아주 긍정적인 경험이기 때문이다. 아무리 하고 싶지 않고 자신이 없다 해도 한 번만 경쟁의 즐거움을 경험할 수 있다면 '중독되지 않는 기분 좋은 마약'의 좋은 점을 알게 될 것이다.

경쟁할 수 있는 능력을 가지지 않고는 결코 내가 원하는 직업적인 성공과 파워를 얻지 못한다. 누가 누가 빠르나 스포츠도 즐기고, 누가 누가 이기나 게임도 즐겨라. 노래방 점수는 누가 누가 높나, 높은 사람이 시원한 맥주 한잔 사기. 엘리베이터 타지 않고 계단을 누가 빨리 오르나, 빨리 오른 사람이 자판기 커피 사기. 사소한 것에서부터 시작하라. 어느새 경쟁하는 즐거움을 알게 될 것이다. 내 안에 잠자고 있는 경쟁 본성을 깨우고 그것이 견인차가 되어 앞으로 나아가야 한다. 당신이 타고난 경쟁적인 정신의 소유자가 아니라고 미리 말하지 말라. 타고나는 능력을 이기는 타고나지 않은 능력도 있다. 그것 역시 경쟁과 노력 덕분이다.

누구나 타고난 경쟁심은 있다

1 우리 인생에 안전한 지대는 원래 없다고 생각하라. 앉아서 생각하지 말고 뛰면서 느끼자.

2 실험, 모험, 경험. 이 세 가지 '험'을 사랑하면 경쟁도 즐겁다.

3 실패를 두려워하지 말자. 실패도 경력이고 실패가 있어야 성공도 있다.

자기 자랑도 긍정적인 홍보다

모든 여자는 다 나름대로 아름답고 매력 있다. 이것은 엄연한 사실인데도 스스로 인정하려 들지 않거나 터무니없다고 잘라 말하는 사람이 많다. 그렇기 때문에 우리 사회에서는 꽤 괜찮은 인상을 가진 사람도 성형수술에 망설임이 없다. 미국의 경우 보통 성형수술을 하기 시작하는 나이가 삼사십대라는데 우리나라의 경우는 이십대 여성이 가장 많다. 이십대는 가만 두어도 그 피부 하나만으로도 맑고 여린 기운이 느껴지고, 그 열정 가득한 눈빛 하나만으로도 사람을 사로잡을 수 있고, 열심히 땀 흘리는 모습 하나만으로도 충분히 매력적일 수 있는 때이다. 하지만 사람들은 자기 자신의 아름다움을 찾아 그걸 아끼고 가꾸는 일에 게으르다.

아무리 자신의 겉모습에 자신이 없는 여자라도 누군가에게 인정을 받고 있거나 사랑 받고 있다면 그 표정부터 달라진다. 언제나 활기차고 무엇인가 내면에서 은밀하게 샘솟는 즐거움이 그대로 밖으로 드러난다. 숨길 수 없고 숨길 이유도 없는 일이다. 사회생활을 하는 여자들이 절대로 명심해야 할 일은 얼굴 생김새나 차림새가 그 사람의 전부를 말해주지는 못한다는 점이다. 그리고 사람들은 자기 자신을 사랑하는 사람에게는 함부로 하지 못한다. 그에게는 자존심이 펄펄 살아 있고 자신감이 충만하며 위엄이 가득하기 때문이다.

여자들이 성형수술을 하고 옷차림에 신경 쓰는 이유는 무엇 때문일까. 그것은 결국 자신감을 가지려는 노력이다. 그렇게 하면 조금 더 남 앞에서 자신 있고 당당하게 허리 펴고, 고개 들고, 어깨 펼 수 있다고 생각하기 때문이다. 그러나 그렇게 해본 사람 중에 과연 그것만으로 자신감이 생기던가 하는 것이 문제다. 물론 어느 정도야 생길지 모르지만 일단 자기 스스로 자신을 높이 평가하고 사랑하는 마음 없이는 수술로 제 아무리 예뻐진대도 속 빈 강정일 뿐이다.

자신의 업적에 대해 지나치게 겸손하거나 평가절하하지 말라. 사람들이 해준 칭찬이나 숨어 있던 재능을 발휘한 일 등 최근에 해냈던 멋진 일들을 생각하면서 친구나 친지, 직장동료나 남자친구에게 내가 자랑스러웠던 순간을 자신 있게 이야기하는 훈련을 하자. 정말 기억하기도 싫은 남자친구 이야기나 괴로운 생리통 이야기, 자기가 실수한 일, 곤경에 처했던 일들은 이제 좀 접어두자. 자기가 하고 있는 멋진 일들에 대해 이야기하는 습관을 자꾸 키우게 되면, 자신의 재능에 대해 이야기하는 것이 점점 더 편해지게 마련이다.

공주병 환자라고 따돌리지 않을까 하는 쓸데없는 걱정은 저만치 집어던 져도 좋다. 공주병 환자가 아니라 "넌 공주잖아. 공주가 이래서야 되겠냐?" "공주님이 궂은일도 잘 하네" 하는 칭찬을 듣는 게 더 익숙해질 것이다. 자신을 드높이고 자신의 가치를 당당하게 밝히고 자신을 사랑하는 여성은 공주병 환자에 머무르지 않고 스스로 공주가 되는 길을 개척하는 사람이다.

이런 일이 자연스러울 때 다른 여자들에게도 영향을 미치는 것은 당연하다. 동료나 친구들은 당신을 함부로 끌어내리려 하지 않을 것이다. 그리고 정말 좋은 친구들이라면 기꺼이 당신의 이런 모습을 축하해줄 것이다. '자랑' 이란 바로 긍정적인 전염성을 가진 건강한 바이러스이기 때문이다.

또 자신을 사랑하는 방법에는 자신에 대한 타인의 비판을 왜곡하지 않는 일도 포함된다. 내가 밤새도록 준비한 프로젝트나 아이디어에 대해서 직장상사가 더 잘할 수 없냐고 따끔한 충고를 했다고 하자. 얼마나 얼굴이 화끈거리고 열 받을지는 아는 사람은 다 안다. 그러나 얼마의 시간이 지나면 곧 자기 비하로 이어지기 쉬운데 바로 이 점을 조심해야 한다.

비판을 곧 새로운 정보로 받아들이는 훈련도 필요하다. 아이디어가 좀 딱딱한 느낌이 든다고 지적했을 때 '난 융통성이 없나봐. 부장님은 이번 일로 분명 나를 재미없고 경직된 사고를 가진 사람이라고 생각할 거야' 라는 부정적인 생각으로 이어지지 말라는 뜻이다. 새롭게 제기된 문제점을 정확하게 파악할 생각은 않고 자기 비하적인 생각만 눈덩이처럼 크게 굴리는 습관은 아주 나쁘다. '내용은 아주 좋은데 형식적인 문제가 좀 딱딱하단 말이구나. 말을 좀더 부드럽고 재미있게 바꾸어 볼까?' 하는 긍정적인 생각을 한다면 얼마나 생산적인가.

사실 대부분의 비판은 나의 인간적인 결점을 지적하여 인신공격을 하는 것이 절대 아니다. 좀 어려운 일이긴 하지만 이제 비판을 정보로 받아들여 다른 에너지로 만들어내는 일이 중요하다. 하지만 나를 잘 알지도 못하는 사람에게서 비판을 받았다면 어떻게 해야 할까? 아무리 겸손하게 굽히고 들어가도, 좋은 선물 공세를 퍼부어도 결코 나를 좋아하지 않는다면? 그런 경우라면 크게 걱정하지 않아도 된다. 모든 사람들의 견해에 일일이 다 신경을 쓰다 보면, 자신을 비난하는 사람이 나보다 더 똑똑하다는 생각에 사로잡혀 버리게 될지도 모르기 때문에 그런 사람에 대해서는 적당히 관심을 끄는 것이 좋다. 세상에는 질투나 시기에 불타 다른 사람의 흠만 잡으려 하는 사람들도 제법 많다. 그런 사람들에게 쓸데없이 휘둘리지 않는 것도 진정으로 나를 사랑하는 방법이다.

낯가림이 심해도 인사성은 밝아야 한다

사람들은 뭐든지 대단한 것에 열광하고 마음을 움직인다. 화려하거나, 유명하거나, 똑똑하거나, 돈을 많이 벌거나 한 것들에 눈과 귀를 모은다. 그러나 그렇게 대단한 성과는 하루아침에 생기지 않는다. 오랜 시간 사소한 것들이 모여 그러한 성공과 성과를 가져온다. 직장 안에서 말 한마디, 부드러운 눈빛 하나, 활기찬 목소리, 긍정적인 자세, 적극적인 노력 등 이러한 평소 사소한 생활습관이 오랜 세월 반영되어 자신의 이미지가 되고 브랜드가 된다.

우리는 하루에도 몇 번씩 인사하고 악수하고 지낸다. 그러나 소리 내서 잘 들리게 인사하는 사람은 많지 않다. 조용히 눈 맞춤으로 눈인사를 하거나 입안에서 울리는 작은 소리 정도로 인사하는 경우가 보통이다. 그렇기 때문에 아침에 만나는 사람에게 소리 내어 경쾌하게 인사하는 사람에겐 한 번 더 눈길이 간다. "안녕하세요!" 하는 밝은 목소리의 인사는 듣는 사람의 기분도 한껏 즐겁게 한다. 늘 보는 사람에게 그렇게 티내어 인사할 필요가 있느냐 하겠지만 인사는 날마다 자주 한다는 점에서 잘하면 좋은 이미지를 갖는 데 크게 기여할 수 있다.

회사에서는 나이, 사고방식, 경험, 입장이 서로 다른 사람들이 함께 일을 한다. 업무능률을 높이고 인간관계가 원활하려면 함께 일하는 사람들의 에너지와 긍정적인 힘이 모아져야 한다. 따라서 아침을 시작하는 때, 혹은 만나고 헤어질 때의 인사는 매끄러운 윤활유가 된다. 낯모르는 사람이라도 소리 내어 인사하게 되면 상대가 일단 마음의 경계를 풀고 편안한 감정이 되기도 하니 지나면서 하는 인사라도 우습게 볼 일이 아니다. 실제로 해보면 그 효과에 놀라 이 묘약을 스스로 여러 사람에게 권하게 될 것이다.

날마다 직장에서 유쾌하게 보내기 위해서 오늘부터 존경심과 감사한 마음이 깃든 인사가 몸에 배게 하라. 일단 정확한 시간에 바로 업무가 시작될 수 있도록 충분한 여유를 갖고 출근하는 것부터 시작하자. 아침에 만나는 사람마다 밝고 친절한 인사를 먼저 건네는 습관을 들이자. 내가 좋아하는 상사나 선배, 동료에게만 하지 말고 두루 즐겁게 하는 것이 중요하다. 인사는 남에게 잘 보이려는 노력이기보다 나 스스로 즐겁고 활기찬 하루를 만들려는 능동적인 자세다. '부탁합니다' '수고하셨습니다' '감사합니다' 등의 인사를 생활화한다면 자신의 기분도 좋아질 것이며 자기 이미지를 크게 바꿔놓을 수 있다.

A c t i o n P o i n t +

사랑스러운 인상을 주는 법

1 인물은 인상으로 바꿀 수 있다. 인상은 인사로 바꿀 수 있다. 목례로 일관한 인사를 접어라. 소리 내어 경쾌하고 활기차게 인사하자.

2 출근할 때와 퇴근할 때, 들고나는 것을 확실하게 인사로 알리자.

3 칭찬도 인사다. 아침, 저녁 인사 말고 중간에 한 번 칭찬하자.

착한
표정에
양심적인 말,
재미없다

아무리 숨기려 해도 숨길 수 없는 것이 사랑이라고 하지만 또 하나 숨길 수 없는 것이 있다. 자기 안에 가득한 자신감과 자부심으로 은밀하게 샘솟는 활기 역시 숨기기 힘들다. 그것은 자신을 사랑하고 드높여 존중할 때 생긴다. 옷차림이나 생김새 같은 외모로 채울 수 없는 부분이다. 그러나 아직도 많은 여성들이 착한 여자 콤플렉스 안에 갇혀 있다. 여성들은 거기서 비롯된 소극성과 자기 비하를 완전히 극복할 때 진정한 출발선에 설 수 있다.

당신은 누군가로부터 칭찬을 받을 때 어떻게 반응하는가? 칭찬을 우아하게 받아들이는 법을 배워라. 칭찬을 자기 비하로 연결시킬 필요는 없다.

"○○씨. 오늘 그 재킷 되게 멋지다!"라고 동료가 칭찬했을 때, 혹시 당신은 "이 옷이 멋있다구? 오늘 너무 입을 게 없어서 오래된 거 꺼내 입고 왔긴 왔는데 난 괜히 입었다 후회하고 있는데. 후줄근해서"라고 하지 않는가? 혹은 "바지 정장도 멋있는 걸. 활동적으로 보여서 좋다"라는 칭찬을 "엉덩이가 신경 쓰여. 자꾸 엉덩이가 커보이는 걸" 하는 말로 받지 않는가?

뭐 그렇게 어려운가? 뭐 그렇게 변명이 많은가? "고마워요"라든가 "정말 그래? 기분 좋은데" 하면 그만이다. 간단히 그렇게 말하면 되는 것을 굳이 후줄근한 재킷과 커 보이는 엉덩이를 강조하여 칭찬을 뒤틀어버릴 필요는 없다. 남들은 전혀 그렇게 생각하지 않는데 괜히 스스로 부정적인 촌평을 함으로써 사람들이 한 번 더 그 강조점을 유심히 보고 '정말이네' 하고 인정하게 만들지 모른다.

칭찬에 대해 세련되게 반응하는 것도 강렬한 자기 표현이 될 수 있다. 칭찬해주면 '감사해요'라거나 '고마워요' 정도로 받아들여라. 얼마나 깔끔한가? 칭찬은 사람을 기분 좋게 해준다. 칭찬 받고 기분 좋게 느끼면 그만이다. 칭찬을 더 이상 왜곡시키지 말고 남이 내게 주는 선물이라고 생각하고 즐겁게 받아 즐겨라. 카리스마를 가진 사람은 자신을 낮은 차원으로 떨어뜨리지 않는 법이다.

칭찬을 할 때도 마찬가지다. 칭찬을 할 때는 칭찬만 하고 "그런데 한 가지…" 하면서 단서를 붙이지 말라. 비판이나 조언은 다른 데서도 할 수 있다. 다른 사람에게 부정적으로 말함으로써 자신이 좋게 보이는 경우는 거의 없다. 다른 사람이 나의 장점을 보고 칭찬하듯 나 역시 다른 사람의 장점에 초점을 맞춘다면 칭찬할 일은 얼마든지 생긴다. 칭찬할 것이 없으면 차라리 침묵을 지키는 편이 낫다.

프로는 표정 관리도 남달라야 한다. 기쁜 것, 슬픈 것, 화나는 것 모두 확실하게 얼굴에 담아내는 사람이 있다. 특히 여성은 남성보다 그런 희로애락을 얼굴 표정에서 숨기지 못한다. 물론 불쾌할 때도 미소를 짓는다는 것은 대단히 힘들다. 또 내게 미소 짓는 사람에게 화난 것처럼 하기란 쉽지 않다. 미소는 사람들에게 편안하고 평화로운 감정을 전해주기 때문이다. 하지만 어떤 표정이든 상황에 적절해야 한다. 그렇지 않으면 아무리 솔직한 감정을 표현했다 하더라도 자신에게 부메랑이 되어 날아올 수 있기 때문이다. 울어야 할 때 이를 악물고 웃어야 할 필요도 있으며, 화가 나도 자연스럽게 별것 아닌 일처럼 가장하는 능력도 때때로 필요하다.

한 연구에 따르면, 보통 여성들이 남성보다 훨씬 많이 웃는다고 한다. 왜 그럴까? 여성들은 되도록 많은 사람들이 자기를 좋아해주기를 바란다. 하지만 비즈니스로 거래를 한다거나 중요한 일을 하는 중이라면 너무 잦은 웃음은 '쉬운 사람'으로 보이기 쉽다. 또 이럴 때의 미소는 초조함을 감추기 위한 속내를 훤히 드러내 보이는 결과를 가져올 수 있고, 무엇인가 잘 안 되는 부분을 애쓰고 있다. 그래서 상대의 도움이 절실하게 필요하다는 구원의 메시지로 보일 수도 있다. 업무상 지나치게 미소를 남발했을 경우에 받을 수 있는 오해다.

그렇다고 해서 늘 무덤덤한 한 가지 표정으로 일관하는 것은 마이너스다. 풍부하지만 넘치지 않고 생동감이 있지만 선을 분명하게 긋는 조절이 필요하다. 웃어야 할 때 웃지 않고 단호해야 할 때 물렁하게 구는 일은 얼마나 답답한가. 옆에 있는 동료가 더 답답하게 느낀다.

A c t i o n P o i n t + + + + + + + + + + + +
+ +

평소에 관리하는 표정의 언어

1 아름다운 미소는 하루아침에 만들어지지 않는다. 입꼬리를 올리고 웃는 연습을 해보라. 양 입꼬리를 올리는 기분으로 '치즈' 하고 소리 내면 근육을 단련시킬 수 있을 뿐만 아니라, 쉽고 자연스러운 미소를 연출할 수 있다.

2 표정은 다양하고 활기차야 하지만, 결정적인 순간에는 무표정 뒤로 진심을 숨길 줄도 알아야 한다.

경험을
나눌
멘토를
모셔라

프로이트 심리학에 '동일시 현상' 이라는 것이 있다. 타인이나 그룹과 일정한 관계를 맺음으로써, 타인의 목적이나 가치를 좇아 그것을 자신의 것으로 여기는 현상이다. 한마디로 누군가를, 혹은 무엇을 모델링하여 자신이 그와 같아지려는 심리다. 모방은 창조의 어머니라고 했는데 한 사람의 인생에 큰 영향을 줄 수 있는 모델링, 이왕이면 훌륭한 인물을 확실하게 모방해서 다시 내 것으로 재창조하자.

요즘 젊은 여성들은 과거 선배 여성들과는 달리 '생존' 이나 '견디기' 가 아니라 '성공' 이나 '어떻게 살까' 에 관심이 높다. 어떻게 성공할까? 어떤 의미 있는 삶을 살까? 내 꿈을 이루기 위해 나는 무엇을 해야 할까? 하는 한 차원 높은 고민과 노력을 기울이며 산다. 이런 원대한 푸른 꿈을 가지고 있는 세대에게 필요한 것은 적당한 역할 모델이다. 내가 이상적이라고 생각하는 선배들의 삶을 교과서나 교재처럼 이용할 수 있어야 한다.

그런데 아직 이상적인 모델은 그다지 많지 않다. 내 스타일과 내 성향에 맞는 선배 모델들을 찾으려 해도 그다지 흔하게 찾아지지 않는 것도 사실이다. 하지만 자신에게 큰 힘이 될 역할 모델이라고 해서 반드시 성공한 여성이거나 전문직 종사자일 필요는 없다. 성공한 사람이 중요하다기보다 평범하지만 진실한 마음과 열정을 가진 사람들의 경험을 나누는 일이 더 소중하기 때문이다. 일이나 삶에 대한 자세와 열정의 표출을 보면서 도움을 받는 것이다.

또한 무조건 한 명일 필요도 없다. A선배는 차분하고 이성적인 판단력이, B선배는 긍정적이고 낙천적인 사고력이, C선배는 오래 심사숙고한 일에 대해서는 확 밀어붙이는 과단성이 각기 다른 이상형으로 내게 다가올 수 있다. 이런 경우 이 여러 선배를 두루두루 모델로 삼고 그 여러 장점을 모자이크해서 내 것으로 저장해둘 수 있다.

이제 사회 여러 분야에 고르게 진출해 있는 여성들이 많다. 그런 곳에 있는 선배들에게 손을 내밀면 마주 잡아줄 사람들도 많아졌다. 정말 닮고 싶은 사람이 있다면 전혀 만나본 적도 없는 사이일지라도 한번 용기를 내보자. 자신의 신념과 계획, 기대를 펼쳐 보이며 도움을 줄 수 있는지 메일이나 정성스러운 편지 한 장을 손수 써서 보내 보는 것은 어떨까?

자신이 선택한 멘토에게 편지나 메일을 쓸 때는 간단한 이력과 자신을 알릴 수 있는 내용을 첨부하면서 "요즘 이러이러한 부분에 관심이 있고 저는 이 문제에 대해 어떻게 생각하고 있습니다. 개인적으로 ○○○ 선생님의 의견이나 충고를 듣고 싶어서 이렇게 편지를 씁니다"라는 정도면 가장 무난하다. 하지만 '정말 당신의 의견이 절대적으로 필요하다' '당신이 아니면 안 된다' 는 절박한 심정을 가지고, 당신의 말 한마디가 내게 큰 도움이 되고 큰 영향을 끼친다는 사실을 알리는 센스도 필요하다. 다만 만나줄 것을 요청하는 내용을 쉽게 담는다거나 답장 안 해주면 내 마음이 어떨 것이라는 협박조가 섞인 문구가 들어가는 것은 멘토를 질리게 만드니 주의한다. 설령 멘토와 만났다고 해도 첫만남은 가볍고 짧게 가져야 한다. 너무 조급하면 체하기 마련인 것이 인간관계이기 때문이다.

또한 멘토와 스승에게서 그들의 완벽함을 따르려 하지 말고 그들의 탁월함을 닮아가려고 노력해야 한다. 꼭 그들이 일을 왜 하는지, 그들의 인생관, 가치관, 비전, 사명에 대해서 알려고 노력하라. 주변 인물이라면 한번쯤 그들을 식탁에 초대해서 이런저런 이야기를 듣자. 전기나 평전을 가진 사람이라면 그런 것들을 통해서 더 많은 것을 알 수도 있고 혹은 그 사람이 쓴 저작을 통해서 그 사람의 인생관과 철학을 들여다볼 수 있다. 모델이 여럿이어도 된다. 세상에는 정말 훌륭하고 닮고 싶은 인물이 많기 때문이다.

회사에서 '무소식이 희소식'은 아니다

　세상이 만만치 않던, 취업하기 힘들던, 취업하고도 괴로운 나날이 이어지던, 청년 시절의 포부는 나름대로 크다. 애쓰며 키워온 실력도 있고, 외국어 실력도 남에게 뒤지지 않고, 시사와 경제동향에 밝아 두루두루 자신감이 넘치는 때에는 그 포부의 끝이 보이지 않기도 한다. 그러나 모든 일은 처음 한두 걸음에서 시작된다. 능력보다 의외로 보잘것없이 작은 일에서 자기관리와 커리어관리가 시작될 수도 있다.

　한 조사에서 신입사원이나 직장생활 3년차 미만인 직장인들은 일이 어떻게 되어가고 있는지, 언제 다 마칠 수 있는지, 어디까지 되었는지 자꾸 재촉하며 묻는 상사를 아주 싫어한다는 결과가 있었다. 자기를 못 믿는 것인지, 일을 기한보다 빨리 마치게 하려는 속셈으로 쥐어짜는 것인지, 잘하다가도 그런 소리만 들으면 짜증이 난다는 것이다.

그러나 회사에서 직장인들이 하는 일 중에 그 사람 단독 프로젝트인 경우는 거의 없다. 상사나 선배, 후배들과 함께 일한다. 따라서 일을 잘하려면 이런 주변 사람들과 원활한 커뮤니케이션이 필수다. 묻지 않아도 적절하게 자신의 진행상황을 이야기하고, 마감시한을 정해주는 것이 중요한 예절이다. 이 보고를 잘하게 되면 상사나 선배는 '저 사람은 무슨 일 있으면 알아서 말할 사람'이라는 인식을 하게 되고 아예 일을 맡겨버리고 그런 재촉은 할 생각을 안 하게 된다. 당신에게 전폭적인 신뢰감을 갖게 된다는 의미다.

또 외근을 하게 되어도 마찬가지다. 회사에서 '무소식이 희소식'이라는 말은 통하지 않는다. 일이 진행되는 상황을 보면서 중간보고를 하는 것은 당연하다. '현재 이러이러하게 진행 중입니다'라는 중간보고를 하고 다 마친 후에는 '다 마쳤습니다'라고 해야 한다. 꼭 일을 어떻게 해야 할지 몰라서 상사에게 물어야 할 때만 연락하는 것이 아니다.

요즘은 이메일이나 메신저, 휴대폰 문자메시지 같은 디지털 수단이 발달하다 보니 사람을 직접 만나지 않고도 많은 업무를 할 수 있다. 그에 따른 부작용도 적지 않은데 그중에서 두드러지는 것은 이런 디지털 커뮤니케이션에 익숙한 젊은 직장인들이 되도록 직접 듣거나 말하지 않는 수단으로 모든 것을 해결하려 한다는 점이다. 그러나 만나서 말하는 직접 소통의 방법이 제대로 되지 않으면서 조직 안에서 커뮤니케이션이 잘 되길 바라는 것은 거의 불가능하다. 우리는 여전히 사무실에서 머리를 맞대고 앉아서 말하고 듣고 하지 않을 수 없기 때문이다.

불특정 다수의 상사에게 자신을 어필하는 방법 중에 사보 등의 사내매체를 통하는 방법도 있다. 사보는 회사의 경영 마인드를 자신의 것으로 흡수할 수 있는 좋은 자료실 역할뿐만 아니라 조직 안에서 나를 알리고 광고하는 방법으로 더할 수 없이 좋은 수단이기 때문이다. 또는 회사 밖의 사람들과 새로운 네트워크를 만드는 기회도 될 수 있다.

요즘은 다매체시대가 되면서 기업 스스로 종이사보뿐만 아니라 전자사보, 사내인터넷방송국까지 만들어 적극적으로 조직 커뮤니케이션의 도구로 활용하는 사례가 점차 늘어나고 있다. 사보마다 직원들이 함께 만드는 코너가 많고, 또 직원들의 적극적인 참여를 호소하기도 한다. 사보기자가 아무리 발로 뛰며 열심히 현장을 취재하고 잘 써도 현장에서 직접 전해오는 소리만큼 생생한 것은 없다.

그렇다면 이것을 그냥 지나치지 말자. 남들이 사내매체라서 글을 잘 안 쓰는 사보에 부지런히 글을 기고하여 직간접적으로 자기 홍보를 하는 것이다. 이왕이면 첨예한 논쟁이 가능한 뜨거운 사내문제를 가지고 동료들과 한판 논쟁을 하는 것도 나쁘지 않다. '센 사람'과 붙으면 이기든 지든 일단 많은 사람에게 내 이름이 고스란히 홍보되는 셈이기 때문에 '남는 장사'다.

사보를 고리타분하게 생각하면 사내 커뮤니케이션에서 한발 뒤떨어질 수 있다. 내가 이 회사 안에 몸을 담고 이 회사의 경영시스템 안에 있는 이상, 회사가 관심 있는 일, 공동 목표에 대한 눈 맞추기, 사원 개개인이 꾸리는 알찬 삶, 그들과 교감하고 교류하는 자신의 삶 등에 관심을 갖는 것은 사실 당연한 일이다. 거기서 진정한 발전과 자기계발은 시작된다. 먼 곳만 바라볼 것이 아니라 가까운 곳에서 시작되는 커뮤니케이션이나 네트워크에 지금부터라도 눈을 뜨자. 두 마리 토끼가 내손 안에 있다.

A c t i o n P o i n t +

당장 고쳐야 할 말하기 습관

1 '~인 것 같습니다' '~같아요' 등 확신이 없는 말투로 자신감 없음을 그대로 광고하는 말을 삼가라.

2 중언부언, 했던 말 되풀이하지 말자. 이 역시 자신감을 잃은 태도로 미리 말할 요지를 정리하는 습관이 필요하다.

3 '음' '에' '말하자면~' 등을 남발하지 말자. 산만하게 느껴지고 자기가 한 말에 대한 확신과 자신감을 떨어뜨린다.

4 유행어나 비속어, 통신 용어를 삼가자. 진지함을 떨어뜨리고 경박해 보인다.

떠남과 머무름의 타이밍을 살펴라

헤드헌터 J씨는 저녁에 좀 특별한 사람과 만나기로 되어 있었다. 어머니 친구의 딸인 S씨가 헤드헌터인 자신을 만나고 싶어한다는 것이었다. 20대 후반의 직장여성인 S씨는 자신의 커리어에 대해 누군가와 상담을 하고 싶어 마땅한 사람을 찾던 중이어서 J씨를 간곡하게 만나길 원했다는 것이다.

S씨는 작은 체구에 싹싹하고 유쾌해 보이는 여성이었다. J씨에게 스스럼 없이 '언니' 라고 불러도 되겠느냐고 물었다. J씨가 허락하자 그녀는 자신의 이야기를 시작했다.

"저는 4년간 다섯 군데의 회사를 이직했던 전과(?)가 있어요. 다섯 번째 회사인 현재 직장도 7월까지만 다니고 그만둘 예정이구요. 다섯 개 회사 모두 1년 미만의 경력이구요, 옮기면서 중간에 두 달간 쉬었던 적도 있죠. 다행히 이직을 해도 대기업을 중심으로 세일즈와 마케팅 직무만은 일관성 있게 해왔어요. 업무 분야에 있어선 누구보다 빨리 인정받았다고 생각하지만, 문제는 타협과 '적당히'를 도저히 못 견디는 성격 때문에 이직을 하게 된 것이거든요. 성희롱이 관련된 적도 있구요. 그때마다 회사생활 정말 하기 싫고 힘들었지만, 경영을 배운다는 게 좋아 견뎌왔어요."

그래서 S씨는 현재 MBA를 하려고 준비 중이라는데, 잦은 이직으로 인해 입학이 불가할까 불안하다고 털어놨다. 경력증명은 모두 가능하고 이직사유 역시 보편적인 경우에 해당하지만, MBA 입학이 어려울 정도로 심각한 영향을 끼치지 않을지 걱정이라고 했다. 직장상사와의 마찰로 인해 이직을 하다 보니 직장에서 받게 되는 추천장 역시 변변히 받아낼 만한 상사가 없다는 사실도 문제였다.

S씨는 이런 문제 때문에 MBA가 어렵다면 경영학석사 쪽으로 지원할 대안도 가지고 있다고 했다. J씨는 S씨의 문제가 무엇인지 훤히 들여다보였다. 상담 방법이 자신의 직업정신대로 좀더 솔직하고 신랄해야 할지, 엄마 친구의 딸이라는 것 때문에 조금 부드럽고 원만한 선에서 말해야 할지 잠시 갈등이 일었다.

결국 J씨가 상담한 내용의 핵심은 '경력 관리상 메뚜기는 좋지 않다' 이다. S씨의 경우처럼 요즘 이직이 경력관리의 한 방법으로 인식되면서 자신의 몸값을 높이기 위해 1년이 멀다 하고 직장을 옮기는 사람들이 늘고 있다. 그런데 대기업은 채용에 매우 신중해서 잦은 이직자의 채용 의사를 막판에 뒤집을 수도 있다.

왜냐하면 기업 쪽에서 볼 때 신뢰감을 형성하기 어렵기 때문이기도 하고, 같은 분야에서 경력을 쌓아왔을 경우에는 그래도 다행이지만, 다른 분야의 경력으로 이직이 잦다면 업무 수행능력 평가 부문에서도 좋은 점수를 얻을 수 없기 때문이다. 또 인사담당자 입장에서는 잦은 이직을 한 사람의 인간관계를 의심하지 않을 수 없다. 업무능력 때문이 아니라면 인간관계에서 원만하지 않을 가능성을 생각할 수 있기 때문이다.

마음에 안 드는 상사만 없어지면, 좀 살 것 같은가? 얄미운 선배 때문에 번번이 나만 손해 본다고 생각되는가? 내가 오너가 된다면 저렇게 하지 않을 것이라는 생각을 자주 하는가? 이런 것들은 이직의 사유로 정당하지 않다. 다른 회사에 가도 그런 상황을 맞닥뜨리지 않는다는 보장이 없다. 회사생활을 하는 한 나의 생사여탈권을 쥐고 있는 상사에게 머리를 숙이고 지시하는 것을 따라야 하는 상황은 늘 변함이 없다.

단순한 차심부름과 엄연한 성희롱을 구별해야 한다. 여직원인 자신에게 무심결에 차 한 잔 부탁했다고 그런 일을 두고 성차별이나 모욕이라고 흥분하는 일은 자제하자. 습관적으로 시켜서 늘 해야 하는 일이 아니라면 그냥 직장동료, 상사에게 차 한 잔 대접한다고 대범하게 생각할 수 있는 문제다. 요즘은 너 나 할 것 없이 조심한다. 부탁하는 사람도 눈치 보이고 무심결에 부탁했다가도 아차 싶은 기분이 든다는 사실을 생각하자. 참을 수 없는 '선'이 그 정도로 낮아서는 곤란하다는 뜻이다.

공부를 해서 대학교수가 되고 싶어도, 지도교수 및 여러 선배들에게 얼마나 잘해야 하는지 모른다. 공부만 잘해서, 업무능력만 좋아서 안 되는 어떤 것이 있다. 불합리하고 부조리한 것을 말하는 것이 아니라 '관계맺음'의 문제다. 관계망의 중요성을 무시해서는 어떤 조직에서든 잘 지내기 힘들다.

이직에는 분명하고 확실한 기준을 가지고 있어야 한다. 단순히 연봉이 조금 높다고 해서 경거망동할 일이 아니다. 더 멀리 보아야 한다. 내가 직장을 옮김으로서 한 단계 성장하는 포인트가 되는 것인지 아니면 그럭저럭한 커리어의 연속인지 알 필요가 있다. 이것이 이직의 타이밍이다.

최적의 타이밍이 타이밍인 줄도 모르고 단지 변화가 싫어서, 이 회사에서 오기가 나서, 그래도 여기서는 '왕언니'인데 다른 데 가서 신참 대접 받을 일 있나 싶어서, 그대로 주저앉으면 그것도 답답한 일이다. 같이 입사한 남자동료들이 모두 승진하고 여자인 나만 평사원인데, 월급은 물론 직급까지 올려주겠다는 이직 제의를 받았다고 하자. 직급을 높여주겠다는 제안은 회사 내에서는 물론 업계에서 분명히 능력을 인정받는 것이다. 이럴 때 이직을 안하고 있다면 그 사람은 중요한 기회를 내다버리는 것이다.

이직을 마음에 두고 6개월 이상 피나게 노력한 사람에게도 격려의 박수를 보낼 수 있다. 인터넷 사이트의 채용 및 구직 현황을 매일매일 드나들면서 업계 동향을 파악하고 이직할 때 도움이 되는 외국어 공부에도 매진

하고 자격증까지 땄다. 그동안 회사에서 진행했던 프로젝트는 포트폴리오에 체계적으로 차곡차곡 쌓여 있다. 이때야말로 이직 전선에 자신 있게 뛰어들 때다. 또 정신없이 일을 배울 때는 몰랐는데, 회사의 앞날이 불투명하고 직원들에게 5년, 10년 후의 비전을 제시해주지 않는다면 이직을 고려해도 좋다.

이직은 경력 3년차가 가장 적당하다. 아니면 아예 입사 한 달 만에 때려치우든가. 일반적으로 근무 기간이 1년 미만인 경우나, 5년 내에 3회 이상 회사를 옮긴 사람은 그 기간 동안 능력을 키울 시간적 여유가 없다고 판단하기 때문에 경력으로 인정해주지 않는 것이 보통이다.

이직이 필요할 때 이것을 생각하라

1 나는 나를 아는가

자신의 능력이나 장점, 경험을 파악하고 있어야 이직의 방향과 목표 설정이 가능해진다.

2 경력개발 마스터 플랜을 마련하라

10년 후, 업종이나 직무 중 하나는 일관성을 유지해야 전문성이 생긴다.

3 목표 회사나 분야를 정하라

희망 기업이나 분야, 직무에 대한 정보를 얻자.

4 전 직장의 평판을 망치지 말라

경력자들의 이직시 전 직장에서의 평판조회 사례가 증가하고 있다.

5 네트워크를 점검하고, 자기 마케팅을 실현하라

기본적으로 알고 있는 모든 사람과 연락관계를 유지하고 헤드헌터와 친해져라.

6 잦은 이직의 유혹을 견뎌라

이직을 고려하고 있다면 빈도수와 이직 기간 등을 충분히 고려해야 한다.

7 높은 연봉보다는 직급 높이기가 낫다

이직의 첫째 고려 대상은 경력관리다. 경력관리 잘하면 높은 연봉은 따라온다.

8 자기계발의 폭을 넓혀라

직무 전문성을 가져라.

9 고객맞춤형 구직 패키지를 만들어라

이력서를 구색을 갖추어 준비하라. 이력서 정리 주기는 6개월 정도가 좋다.

10 활동 데이터베이스를 만들어라

매주 달성한 이직 활동에 대해 데이터베이스를 만들어 놓는다.

내가 '일'과 '조직'을 사랑해야 하는 이유

작가 이외수는 여성에게 말한다. "그대는 누군가를 사랑하거나 누군가로부터 사랑받기 위해 그토록 힘겨운 모습으로 이 세상에 존재하는 것이다." 여자는 '어떤 식으로도 공식화할 수 없는 존재'라며 예찬하는 작가의 머리와 가슴과 손이 감사하다. 일보다는 정치 잘하는 여자가 되고, 결혼 전에 동거는 해보고, 공부는 빚내서라도 하라고 여성에게 속삭이는 말들이 현실적인 조언이 된 시대에 여성의 아름다운 본성을 일깨워주고 그것을 잘 살려나갈 수 있도록 오솔길을 열어주니 말이다. 여성들은 실제 그런 존재다. 사랑할 준비가 되어 있고, 사랑 받을 자격이 충분한 존재.

세계적인 명작 《적과 흑》은 쓴 스탕달은 "연애를 하면 이 세상에 존재하는 아름답고 숭고한 것들은 모두 사랑하는 사람의 일부가 된다"고 말했다. 연인이 더할 수 없이 아름답고 사랑스러우니 그 어떤 것도 그 사람의 일부가 된다면 아름답지 못할 것이 없고 사랑스럽지 못할 것이 없다는 말이다. 죽음도 갈라놓지 못한 영원한 사랑, 역사의 소용돌이에 휘말린 슬픈 사랑, 이혼의 위기를 자기희생적인 사랑으로 극복하는 사랑, 냉담하게 대할수록 불타오르는 사랑 등 러브스토리는 세대와 시대를 초월해서 끊임없이 사랑받으며 이런저런 버전으로 끊임없이 리메이크 된다.

어렵지 않다. 여성들이 조직 안에서 잘 지내기 위해서는 기술이나 전략 이전에 연인을 사랑하듯 조직과 일을 '사랑'하면 된다. 일명 '골드미스'들이 웃으며 "일과 결혼했다!"고 말하는 의미는, 일 때문에 결혼을 아직 못했다는 말도 될 수 있지만 남자보다 일에 더 관심이 많고 일을 더 사랑했다는 의미이기 쉽다. 일과 치열하게 사랑하자. 좋아하는 일만 사랑하고 열중하는 것은 프로가 아니다. 어려운 일, 힘겨운 일이지만 꼭 해야 하는 일, 꼭 성공시켜야 하는 험난한 일에 열정과 애정을 다하는 것이 진짜 프로의 사랑이다. 그 과정에는 다툼과 갈등도 있고 눈물도 있고 위기도 있고 기쁨과 환희도 있다. 치열하게 교제하는 연인과 밤새고(?), 싸우고, 울고, 기뻐하고, 즐거워하는 과정이 '사랑'이 아니면 무엇이란 말인가.

그러면서 점차 조직이 나를 사랑하게 만드는 단계가 '일'을 만난 이후 회심의 미소를 짓게 하는 궁극적인 목적이다. 조직이 나에게 매달리게 만드는 것, 내가 어딘가로 가버릴까봐 조직을 긴장하게 만드는 것. 쉽지 않지만 오늘도 열심히 사는 당신의 오랜 꿈이 아닌가. 고유한 나를 잃지 않으면서도 조직 안에 잘 스며들 때, 조직의 발전은 곧 나의 성장으로 돌아온다. 내가 일과 조직을 사랑해야 하는 가장 큰 이유다.

처음 직장에 들어왔을 때, 우리는 평범한 여자들이었다. 지금도 평범하다고 할 수 있겠지만, 분명 직장생활 이전의 평범함과는 색깔이 다르다. 학생에서 직업인, 어디에도 소속되지 않은 자유인에서 조직인이 되었다. 이 차이는 상당히 크다. 하지만 중요한 것은 조직 안에서는 '내가 움직이지 않는 한 어떤 일도 저절로 이루어지지 않는다'는 점이다. 아직 깨닫지 못한 분들이 있다면 그것을 깨닫고 움직일 채비를 하는 것만으로도 어디가 어딘지 모르는 미로 같은 조직생활에서 제 길을 찾을 수 있다.

여성들 중에는 아직 조직생활에서 지도 읽는 법을 채 배우지 못한 사람들이 많다. 어디에 보물이 있는지, 보물을 찾아가는 길에 어떤 위험이 도사리고 있고 어떻게 극복해가야 하는지, 악당들은 어디서 만나게 되는지, 그냥 성실하게 열심히 앞으로만 가면 되는 것인지, 배는 물 위에 떠 있는데 배 안에서 키를 잡고도 우왕좌왕한다. 그러나 잘 찾아보면 지도를 잘 읽는 유능한 리더도 적지 않다. 현장에 있는 그들에게 배우고 스스로 자신 있게 키를 돌려보자. 회사와 조직이라는 거대하게 움직이는 톱니바퀴 시스템 속에서도 자기만의 키를 가지고 있어야 한다. 지도를 잘 읽고 그에 맞는 행동방식을 갖고 자기 나름대로 길을 선택하는 능력이 필요하다.

당신은 할 수 있다. 이제까지도 잘 해왔다. 어제와 오늘이 다르고 오늘과 내일이 다르지 않겠는가. 사랑하면 그 주변의 '모든 것' 까지는 아니라도 '웬만한 것' 들은 슬쩍 한쪽 눈감고도 봐줄 수 있게 사랑스러워진다. 조직생활도 마찬가지다. 일을 사랑하면 조직생활도 봐줄 만하게 사랑스러워질 수 있다. 나만 보면 으르렁대는 상사도, 쓸데없이 까칠한 선배도, 얄밉게 기어오르는 후배까지도 사랑할 수 있는 마음이 어느 순간 불꽃처럼 반짝 생겨난다. 거기에 불을 붙이는 일은 쉽다. 그런데 그거 믿어도 되느냐고? 일단 진심으로 일과 결혼하는 마음으로 사랑을 시작해보자. 조직에 둥지를 틀고 보금자리로 꾸며 가기 바란다. 속는 셈치고.